「教えない」教育

徒弟教育から学びのあり方を考える

野村幸正
Nomura Yukimasa

二瓶社

はじめに

それぞれの社会のあり方にふさわしい教育があってよい。近代社会では学校教育が、また伝統社会では徒弟教育が幅を利かせている。徒弟教育は実践共同体における教え—学ぶものの双方向的な関係を重視したものであり、またわかることとできることを不可分のものとしてとらえている。たとえば、実践共同体としての仕立屋に入った徒弟は最初は掃除をしたり、ボタン付けをしたりするうちに、徐々に仕上げ、縫製、そして裁断といった中心的な仕事をまかされるようになる。徒弟が学ぶことはいつも具体的な、個別のことではあるが、その学びを介して仕事の背景にある「わざ」を身につけている。「わざ」の核心は容易に言語化されるようなものではなく、また極めて伝えにくいものであるが、徒弟はそれを確実に学んでゆく。

実践共同体に身をおく徒弟は、一方ではその場に厳しく制約されながらも、他方ではその制約を克服するなかで、それを支援に変えてゆく。徒弟は支援と制約のなかでの個別の体験をそのつど意味づけし、それらを普遍的経験にまで高めている。これら一連の過程は徒弟自身が能動的に学ぶものであり、他者から教えられるものではない。また、師匠の方も徒弟が身につけるべきことを容易に教えることができないことを熟知しているからこそ、それを「教えない」のである。徒弟教育が「教えない」教育と呼ばれるのは、このためである。

一方、学校教育は近代の知のあり方と密接につながり、したがってそこで教授されることの多くは状況から切り離された、極めて抽象化された知識である。しかも、近代社会ではその知識を子どもたちの頭に注入することが教育であり、またそれが教師の使命であるという考えが根強くある。この意味で、学校教育は個体能力主義的な教育、学習観の上に成り立っていると言ってよい。

そもそも、双方の教育に優劣があるわけではない。また、教え―学ぶ過程には双方の教育の目指すところが深くかかわり、本来ならば相補的なものなのであろう。ただ、学校教育はその教授のあり方からして、本質的には教えられることしか教えない教育である。それだけでなく、教えるべきことが学ぶ者とは無関係に設定されることから、必然的に過剰教育に結びつく可能性を内在している。しかし、状況から切り離されたそれらの知識は学ぶ者の関心、能力とは無関係に一方向的に与えられることから、子どもたちは学びを実感としてとらえることができず、また学ぶことの意味を見いだすことも難しい。これが学力低下、学級崩壊などの教育の病理現象を生み出している一因ではないか。

本書は、いまなお機能している徒弟教育のあり方を、またその意味をインド、そして日本の現状を介して学ぶなかで、教えることが逆に学ぶ者の意欲を削ぎ、それが教えることをいっそう難しくしている現状を直視したものである。いま、われわれに求められていることは過剰に教えるのではなく、あえて「教えない」ことで、学ぶ者の身体に備わった瑞々しい感覚を、学ぶ力を取り戻させることではないか。

本書の基底にあるものは、一つは徒弟教育への憧憬であり、いま一つはインドでの自らの経験である。いずれも自らの個人的体験と深く結びついたものである。徒弟教育は私の専門である認知科学、なかでも熟達化、「わざ」の形成に、またその実践である私の仏像彫刻の修業に深くかかわっている。近代化のなかで、もはや徒弟教育は時代遅れの観すらあるが、その本質を見極めれば、そこには瑞々しい感覚が、さらには人の働きが厳然としてあることが感じられるはずである。一方、インドは私に近代教育のもつ光と影を痛感させた場所でもあり、学びのあり方と生きることの意味を深く考える契機となったところでもある。

私は、徒弟教育およびインドという二つの鏡に映し出された日本の社会、なかでも教育の現状を直視し、また近代社会が抱えるさまざまな問題の深層部に眼を向け、そこから教育のあるべき姿を模索してきたのである。これらの体験は、少し大げさに言えば、いずれも「時」と「場」を限定した私自身の学びの実践である。

ところで、伝統的な教育ではいまなお「教えない」教育という表現が用いられているが、教育という営みが教えることであるとすれば、この表現は明らかに矛盾している。この矛盾を踏まえて、「教えない」教育の意味を現在の教育心理学、認知心理学の枠組みでとらえ、新たな研究領域を切り拓かれたのが、いまは亡き京都大学名誉教授梅本堯夫先生である。学会などでご指導いただいたことを深く感謝して、本書を「『教えない』教育——徒弟教育から学びのあり方を考える」と命名した次第である。

本書を上梓しえたのは、ひとえに私の在職する関西大学の自由な学問的雰囲気に負うところが大きい。一年余にわたるインド滞在をはじめとして、その後もことあるごとにインドを体験しうるのは、ひとえにわが大学の懐の広さであろう。私はインドでの体験を契機にして教育を、心理学を幅広い視点からとらえることができるようになったと自負している。また、私の師である関西学院大学名誉教授石原岩太郎先生、関西大学大学院の院生諸君には貴重なご意見をいただいた。また、私の仏像彫刻の師匠である矢野公祥仏師からも実に多くのことを学んでいる。最後になったが、出版に際しては私の畏友であり、二瓶社の社長である吉田三郎氏には随分お世話になった。ここに記して感謝の念を表わしたいと思う。

二〇〇三年五月三日

新たな学びを求めて　野村幸正

目次

序章　生きること・学ぶこと

1

われわれは生まれ落ちた固有の場で自らのいのちをいとなみつづけている。そのいとなみは砂漠、雪国あるいは熱帯といった自然環境、さらには風土の違いによって、あるいはまたそこでの伝統的、歴史的な展開の違いによって多様な形をとる。固有の文化、地域に根ざした生活、さらに言えばそれらを支配するコスモロジーにふさわしいいのちのいとなみがあってよい。それがたとえどのようなものであろうとも、風土に調和したものであり、また長い伝統のうえに成り立つものである以上、軽々に優劣をつけるべきものではない。第一、われわれは自らの生活のあり方を、いのちのいとなみを自らの意志で容易に変更などなしえないのである。

ところが、近代化を積極的に押し進めるなかで生じた伝統社会の崩壊と生活様式の変化によって、人びとが依拠してきたコスモロジーがもはや力をもちえなくなり、それにともなってかつてのいのちのいとなみが急速に保障されなくなりつつある。そのなかで立ち現われた、たとえば眼を覆いたくなるようなインドのスラムの惨状、あるいは世界中いたるところに見られる貧しい農民の困窮した生活は、紛れもなく近代化の負の側面であろう。近代化に伴う農村の疲弊と貧富の格差が、確実に都市のスラムあるいは路上生活者を生み出してゆく。生きるもの（生命）さえ必ずしも保障されてはいない状況にあって、彼らの生きることはなお厳しいものであろう。他方、豊かな経済力を背景にした近代社会では、われわれの生命は十分に保障されているが、生きることとなると等しく厳しい。しかしいま、この厳しさを開発途上国のそれと同質のものとしてとらえるなら、それは近代社会にすむわれわれの奢りと見なすべきであろう。

というのも、絶対的貧困といわれる人びとの生活と先進国の人びとの豊かさ、たとえば日本の食糧事情とは決して無関係ではないからである。かつてパキスタンの外相が「先進国は進歩進歩というが、わが国の農民は五〇〇〇年前も五〇〇〇年後もおなじ生活をしていますよ」と吐き棄てるように言ったことを思い出す。彼の言葉は先進国のあり方に対する厳しい問いかけであり、先進国の豊かさが開発途上国のある種の犠牲のうえに成り立っていることを暗に指摘してのことであろう。

もちろん、開発途上国の貧しさの原因は食糧生産、人口増その他さまざまな要因が複合した結果であり、まさに複合的貧困と呼ぶにふさわしい。それらのすべてが先進国によって引き起こされたものではないにしても、決して無関係ではないはずである（野村、一九九一参照）。

いま、豊かな国（人）を多くの貧しい国（人）が支えている事実を直視するならば、先進国のわれわれがなすべきことは、開発途上国への援助もさることながら、自らの生活のあり方、なかでもいのちのいとなみそのものを問い直すことではないか。それは豊かな先進国の人びとに自己変革を求めることであり、同時にこの自己変革を可能にする新しい教育を、さらには学びを模索することでもある。新たな教育の模索は、単に偏在した豊かさをもたらす近代の学校教育の是正にとどまらず、それを支える近代の知の枠組みのあり方にまで拡大してゆかなければならないように思われる。

では、自己を根底から変革するような教育がはたして可能であろうか。また、そこでは一体何を教え、また何を学ぶのであろうか。そもそも自己変革とは自らのいのちのいとなみを語り、その意味をとらえなおすことを介して、新たな自己を見いだすことではなかったか。それは極めて主体的な作業である。そのため、これらの作業が必ずしも他律的な「教育」に馴染むとは思われない。むしろ自律的な学習、さらには固有の場での学びを通してはじめて可能となろう。

いま、人は何かを学ぶことを通して自己を変革してゆくとしても、ただ単に学びの所産である知識によって変革してゆくのではない。本来の学びとは単に知識を得ることではなく、それを介して自らの生きることの意味を、その可能性を見いだすことである。われわれは学ぶことによって未だ知らない自己を知り、自らの可能性を新たな関係のなかでとらえなおしてゆく。そのなかで、たとえば格差を解消するような「人の働き」が生まれるのであろう。

したがって、学びを通して獲得される知識が自己変革に及ぼす効果はあくまでも間接的なものである。間接的であるがゆえに、学びかつ伝えることがことのほか難しいのであろう。この難しさを助長するものが、教育に直接的な、即物的な効果を期待する近代の人びとの考え方である。そして、学校教育がその期待に応えるべく矮小化されていることから、ますます教育と自己変革とに乖離が生じる。

制度としての学校教育が確立する以前は、伝統社会が子どもたちの主体的な、自律的な学びを重視し、しかも知識の獲得と自己の新たな確立を不可分なものとしてとらえてきたのである。それが徒弟教育であり、芸道の教育である（第2章参照）。伝統的な徒弟社会では、知識はそれを発揮する人、あるいはまたその状況と無関係ではありえない。あくまでも人の働きを通すという意味で、知識は間接的に働くものでしかない。

ところが、近代教育が浸透してゆくなかで、知識観だけでなく人びとの労働観も随分違ってきている。伝統社会では、一般に生活と労働は分かちがたいものとしてとらえられ、その労働の多くは技能あるいは「わざ」を通してなされてきた。しかし近代社会では、生活と労働とのあいだの乖離が確実に拡大し、このことが徒弟的な学びを保障しえなくなっている。

このような社会状況のなかにあっては、もはや技能は十分には評価されず、代わって近代の知に基づいた技術が幅を利かせている。このこと自体は必ずしも否定すべきことではないが、技能から技術への移行は人びとの労働に対する意識を大幅に変えてゆく。それはまた人びとの抱く価値観、社会観そのものにも影響を及ぼしている。

仕事と稼ぎ

哲学者内山節氏によれば、彼が畑を耕している上野村の人びとは「仕事」と「稼ぎ」とを使い分けているようです。「稼ぎにいってくる」と村人がいうとき、それは賃労働に出かける、あるいはお金のために労働することを意味します。若干そこには自嘲があるようです。ところが村人が「仕事」と表現するものは、そうではなくて人間的な営みであり、多くの場合、直接自然と関係しています。山の木を育てる仕事、山の作業道を修理する仕事、畑の作物を育てる仕事などです。「稼ぎ」が交換価値を生み出す貨幣のための労働であるのに対して、「仕事」は使用価値、つまり人間が生きてゆくのに必要なものを作り出す諸々の行為をさしていう言葉でしょう。ただ、おなじ山の木を育てるにしても、たとえば営林署の下請け仕事の場合では、それは村人にとっては「仕事」ではなく「稼ぎ」ということになります。ですから「仕事」といった場合、たとえおなじ山の木を育てるにしても、そこに自己の主体性を発揮できる、あるいは労働を自分の手で工夫してゆくことが求められます。(内山、一九八八)

言うまでもなく、伝統社会は共同体の維持に重きを置き、そこでの労働にしかるべき価値を見いだしてきたのである。彼らは使用価値を生み出す「仕事」をなによりも大切にする。また、仕事は伝え—学ぶ媒体であり、最高の自己表現の機会であり、さらには自己を関係のなかでとらえる手だてでもある。人びとはこの機会を生かすなかで自らの能力に磨きをかけてきたのである。一方、近代社会では人びとは「稼ぎ」に重点を置かざるをえないが、残念ながら稼ぎは、多くの場合自己表現の手だてではありえない。

日本の近代化と経済的繁栄は技術および「稼ぎ」に支えられたものであり、それは技能から技術へ、使用価値から交換価値をもつ貨幣への移行によるものでもある。この移行過程に近代公教育が深くかかわり、その教育が伝統社会の変革、崩壊を確実に引き起こしている。わが国における伝統社会の崩壊は高度経済成長の時代以降に顕著に見られる。

村人の期待と好奇心の錯綜したなかで、相当の経済的な負担を親に強いて大学を卒業したにもかかわらず、その教育を生かす職種は村にはない。そのため農村と山村の過疎化にともなって伝統社会が崩壊し、それがまた若者の離村をさらに加速している。

おなじことはインドのヒンドゥー教徒、ムスリム（イスラム教徒）についても言える。村人の期待を一身に受け、都会で大学教育を受けたがゆえに、かえって村の伝統的な生活を否定し、そこに生きる村の人びとと対峙していることもある。本来、村人の実情をもっともわきまえたよき理解者であり、村人たちを弁護すべき彼らが、逆に村人を差別するという構図ができあがっていると言う。

伝統社会の崩壊と差別という構図は近代化の名のもと、地球上のいたるところで生じている現象である。結局、それは近代化と伝統が、技術と技能が相いれないものであり、「仕事」が成立しなくなったからであろう。ここに近代公教育の本質を的確に見てとることができる。近代公教育は本質的に先進国と開発途上国、あるいは都会と田舎の格差を拡大させるものであり、それを解消するものではないのではないか。

とすると、われわれのすべきことは従来とは違った新しい視点から教育、さらには学びのあり方を早急に確立してゆくことである。それは自己変革をめざすという意味で、開発途上国あるいは先進国の双方に共通なものであるように思われる。

ところで、本書の基本的テーゼと密接にかかわる技能、「わざ」さらには「人の働き」に私が関心を抱いたのは八〇年代のはじめである。当初の関心は、あくまでも認知心理学、認知科学上の技能、スキルの形成に関するものであったが、やがてその関心は「わざ」の世界へと進み、さらにこれと切り離すことのできない徒弟教育へと拡がっていった。私は徒弟教育の内実に触れてゆくにつれて、この教育は社会的、文化的状況を十分に踏まえた生の教育であり、またこの教育がなによりも固有の場での学びを保障していることを知るに至り、この教育こそが真の教育と呼ぶに値するものであると確信したのである。

その後、八〇年代後半から九〇年代にかけて認知心理学、認知科学の多くの研究分野で「状況論」が注目され始め、昨今では状況的認知、学習、教育などの研究がさかんである。このようななかにあって、徒弟教育は一気に社会学化され、正統的周辺参加として最近とみに研究者の関心を集めている（第2章参照）。あるいはまた認知的徒弟制といった考えもあり、状況論から学校教育に対して多くの示唆がなされている。

私は心理学者による教育への状況論的アプローチを高く評価するが、一方では、一時の流行の理論でその場かぎりの教育論を展開すべきではないとの思いも強くある。過去において、心理学者は自らの実験室的な、抽象的な研究成果を教育現場に生かそうとしてきたが、法則の定立とその適用という形に終始したために、失敗を繰り返してきたのではなかったか。正直なところ、私は昨今の状況論的教育論にもある種の危惧を抱いている。そこには人間に対する深い洞察、人の働き、といった教育における最も大切なものが抜け落ちている気がしてならないからである。

本書は、基本的には教育への状況論的アプローチをとりながらも、それを超えうる新しい教育の可能性を積極的に展開してゆく。それは徒弟教育という鏡に映し出された学校教育の内実を十分に踏まえて、新しい学びの世界を展開することである。具体的には、徒弟教育の本質、神髄に迫り、その知見から学校教育をとらえなおしてゆく。しかし、その知見を学校教育の現場に安易に適用するつもりはない。むしろその知見を自らの身体で、さらには自らの深層の部分でとらえ、それらを固有の場で表出させることで教育を、また学びのあり方を考えたものである。

第1章　いま、何故に、徒弟教育なのか

Ⅰ　崩壊する伝統社会と学びのあり方

1　教え―学ぶ関係の変容

われわれは次世代に何を伝えるべきであろうか。最先端の科学的知識であろうか。それとも固有の食の文化であろうか。あるいはまた自らの人生で積み上げてきた経験であろうか。いちいち数え上げればきりがない。ところが、科学的知識にしろ、あるいは食文化にしろ、それを伝えるのはごく少数の、誰かある人であり、一人称の私であることは極めて少ないのではないか。

たとえば食文化にしても、学校給食をはじめとして画一的な食習慣が拡がるなかで、もはや多くの家庭が子どもたちに伝えるべき独自の味をもたない。味の伝承者とそれを受け継ぐ子どもがおなじ場を共有しえないことから、伝え―学ぶ機会さえ奪われつつある。おなじことは知識にも当てはまる。知識を生み出し、かつそれを利用する場を共有するから

こそ、知識を伝え―学ぶこともできる。しかし、現実にはそれらが乖離し、伝え―学ぶ機会が奪われていることから、人びとが知識から疎外されてゆく。では、もう一方の自らの経験はどうであろうか。それらの重要な部分は直接伝えられるものでもなければ、また是非伝えたいとの思いを抱くほどの経験は少ないのではないか。

このように考えると、われわれは伝えるべきものをもはやもたないというのが正直なところであろう。かつて固有の場を共有しながら親から子へ、古老から若者へ、あるいはまた師匠から弟子へ伝えられていた多くのことがらは、伝統社会が崩壊するなかで確実に色あせ、いまやわれわれはそれらに価値を見いだしえなくなっている。

ところがいったん固有の場に身を委ね、そこで何かを学ぶ段になると、われわれはいまなお先輩から、師匠から実に多くのことを学んでゆく。家元の内弟子の学びがそうであり、職人もまた固有の場での活動を介して学んでゆく。それだけでなく、最先端の研究に携わる大学の研究室においても、後輩は先輩から多くのことを学ぶようである。

ことさら内弟子、あるいは研究室をとりあげるまでもなく、われわれの日常的な学びの多くは身近な先達によっている。たとえば畑仕事にしても、種まきの時期、移植の時期、さらには収穫の時期は地域の気候によって微妙なずれがあり、それを把握しないかぎり作物をうまく栽培することは難しい。初心者は地元の経験者の仕事ぶりから多くのことを学ぶ。

彫刻にしても同様である。彫刻の手順を詳細に記したものが手元にあるとしても、それによって納得のゆくものが直ちに彫れるわけではない。素人であっても、師匠のもとで兄弟子とともに彫る場を共有するなかで、彫る技術だけでなく、人と人との距離のとり方、わが身の処し方を確実に学んでゆく。

このように、一方ではわれわれは伝え―学ぶ生き生きとした関係を構築しているが、他方では次世代に伝えるもどかしさをも痛感している。そのもどかしさとは、一つは生き生きとした関係が近代社会から排除され、伝統的な日常的な世界に限られていることであり、いま一つはわれわれが抑圧した、伝えたくないことがらが、逆に伝えられていることである。昨今、話題にのぼる社会の病理現象なども、その深層ではわれわれ大人たちのあり方と無関係ではない。子どもたちはわれわれの意に反して、大人たちが抑圧している影の部分を学んでいるのであろう。

また、生き生きとした関係が近代社会から排除されていることも由々しきことである。かつて、人びとは他者や世界と双方向的な関係を築くことで豊かな生のあり方を享受してきたが、昨今ではその種の関係は一方向的なものにとってかわられ、また大多数の人がもはや伝えるべきものをもたない生活を余儀なくされている。

わが国では、急激な情報化のなかで、自らが蓄積してきたかつての経験は次世代に伝えるべきものでなくなりつつある。また、昨今の構造的不況のせいであろう、社会のあり方、価値観が激変している。このことが人びとのあり方の深みをなくし、社会にある種の閉塞感をもたらし、人びとの生きる充実感を喪失させてゆく。それだけでなく、新しい時代の創造の妨げにもなっている。このような状況を打破すべく、近代社会を支える思想、価値観をとらえなおす動きは盛んである。しかし、近代社会そのものを根底から否定することはできない。

ところで、近代社会の基底には、近代の知の体系を絶対視したわれわれの認識の枠組みが厳然としてある。その枠組みは近代社会を維持するために不可欠な直線的、生産主義的な能率、効率を重視する思想と不可分である。これらの知の体系、認識の枠組みが、たとえ批判の対象となることがあるとしても、われわれはそれを放棄しえない。早い話が趣味的な畑仕事、彫刻あるいはその他の手仕事だけでは、もはやわが国のすべての人びとが生き残ることは難しい。われわれはものごとに対して優れた力を発揮する近代の知の体系を否定することはできないのである。近代の知を獲得し、またそれを他者に伝達することは不可避である。

2 学校教育の果たす役割

獲得と伝達の媒体が近代公教育、なかでも制度としての学校教育である。学校教育の現場では、教育すべき課題がまえもってそれ自体独立にあり、それを身につけることがすなわち学習である。学習（learning）とは経験によってもたらされる比較的永続的な行動の変容過程であり、個々人の経験を通して獲得されるものである。

学校教育は、その学習すべきことを教育を介して学習者に人為的に経験させるが、それが可能なのは学習すべきことの大半が普遍的な、抽象的な概念に基づいて体系化されているからである。体系化されたものを受け入れることで、それが頭のなかの外界を模した表象となる。そして、この表象に基づいて行動の変容が生じる。これが個体能力主義、さらには表象主義に依拠した学習観である。

学校教育におけるこの種の学習観は積極的に評価されている。しかし、この場合の学習は幾重にも分断されていることから、個々の学習の背後にある全体的な学習が保障されているとは言えない。それだけでなく、注入主義がはびこるなかで、学習すべきものをもっとも効率よく子どもたちに伝達する、つまり教育における最適化の思想が重視されるようになる。教育現場が抱える多くの問題も、結局は最適化の思想が過度に優先されたためであろう。最適化のもとでは、子どもたちが学習を通して個性豊かに育ってゆくという実感を抱くことは難しい。子どもたちが実感を抱かないかぎり、学習を超えた豊かな学びの復権も期待しえないように思われる。

一方の伝統社会では、伝授すべきことは固有の場に埋め込まれており、しかもその伝授は具体的な状況のもと、つまり場を共有して行なわれる。その場合、師匠と弟子との双方向的な関係、人間的なつながりを抜きにした伝授などはありえない。この種の関係主義的な教育観からすれば、学びの成立は頭のなかの表象の変化ではなく、固有の場での十全的な参加という形態をとる。つまり場を共有するなかで、より中心的な役割を担えるようになることがすなわち学習である。したがって学習能力と呼ばれているものも個体に属するものではなく、個人を取り巻く状況との関数としてある。

たとえば子どもの能力に関しては、その子がひとりで解決しうる領域に加えて、ひとりでは解けないにしても、年長者の協力や援助によってそれを解決しうる発達の領域がある。

これがヴィゴツキーの有名な「発達の最近接領域」という概念である。援助によって解決しうる領域は、やがて発達の次の段階ではひとりで解決できるようになるため、この領域は一種の可能態の領域としての位置を占める。とすると、この領域は課題あるいは援助者と密接に関係し、個体の能力もそれらによって変化することになる。この意味で能力は個人を取り巻く状況にあり、同様に学びもまた援助関係に支えられている。

子どもは社会的中空のなかに発達してゆくわけではなく、多くは年長者とのさまざまな相互作用を通して必要なことを学んでゆく。したがって、子どもの学びにとって重要なことは実践共同体への参加であり、そこへ全人格的にかかわってゆくなかで、大人たちの支援を引き出すことである。

このように伝統社会と近代社会とのあいだには、双方の社会の根幹をなす知識観、伝授のとらえ方、あるいはものの見方それ自体に明確な違いがある。ただ、近代社会あるいは伝統社会のいずれにしても、その社会は閉ざされたままでは決してありえない。現に、近代化のなかで伝統社会は確実に崩壊しつつある。その契機は優れた近代医学との出会いであったり、ちょっとした便利なものが手に入ることであったりする。その多くは、当初は先進国の人びとの善意であるとしても、やがて伝統社会の人びとの物質的欲望を引き起こすことにつながる。これが原動力となって近代化が急激に押し進められるなかで、開発途上国は確実に先進国の経済的支配下に置かれるようになる。このことが伝統社会の経済的基盤を根底からゆるがせ、また人びとの関係を崩壊させてゆく。

このことは地球のあらゆるところで見られる。たとえば、筆者がたびたび訪れるインド西部の、パキスタンとの国境に近いタール砂漠の小さな村では、ごく最近に電気が引かれ、それを契機にして観光客が増加し、このことが村人の生活、価値観を大きく変えている。かつて旅行者は家族とともに小さなランプのもとで食事を楽しんだが、電気が引かれると小さなホテルのオーナーは早速冷蔵庫を購入し、そこにビールその他の飲料水を冷やし、客にしつこく勧めている。もはや一緒に食事を楽しむといったことはなくなり、オーナーは冷蔵庫の鍵を管理するだけである。また、以前では放牧にでかけていた村人が、ラクダをつれてホテルの前で砂漠の旅の客引きをする光景も見られる。

電気を家に引いたのはごく少数の豊かな階層の人びとであるとしても、電気が村に入ってくることによって伝統社会を構成していた共同体が崩壊し、貨幣経済による労働形態に変遷してゆく。このなかで学びの構造も随分違ったものになりつつある。かつて村の古老から代々受け継いできた数々の仕事そのものが姿を消し、若者はそれを受け継ぐ機会さえなくなったようである。わずか十数年の出来事である。

ところで、学校の果たすべき役割は、社会のあり方によっても、あるいはまたその社会のなかに自己をどのように位置づけるかの違いによっても随分異なる。当然その評価もまた違ったものになろう。筆者の経験からしても、インドの山村、農村にある小さな小学校、あるいはネパールの山里にある形ばかりの小学校の子どもたちは、学校に通える喜びを、読み書きができる喜びを、文盲の両親ともに身体全体で表現している。

インドの路上で靴の修理をしている両親の側で、学校から帰った子どもが本をひろげ、両親に文字を教えている光景に幾度か出くわしたことがある。読み書きを教える学校の存在は、就学率が決して高くないところでは、子どもたちにとっても両親にとっても格別のものなのであろう。それは豊かになったわれわれが忘れ去った、かつてのわが国の光景でもある。

これに対して、先進国の学校ではどうであろうか。子どもはまだしも、その両親が学校を介して、読み書きを学ぶ喜びを味わうことなどは皆無であろう。現実には、学校で教えられることの多くは実体験からかけ離れた抽象的なことがらであり、しかもそれらが一方向的に与えられることが多いことから、子どもはたとえ何かを学んだとしても、それを自らの生活のなかに位置づけることは難しい。そのため、学校で学ぶことに意味を見いだし、またそれを自らの喜びとする子どもは随分少ないのではないかと思われる。ベッカーの言葉を借りれば、「学校は学ぶに最低の場所」ということになる（福島、一九九五）。不登校、いじめ、落ちこぼしなど数えあげればきりがない。根本的な教育改革が求められているが、学校内でのみそれを追求するかぎり、正直なところ解決は絶望に近いように思われる。

Ⅱ　社会の学校化

1　教育改革

現在、教育改革は文部科学省を中心に進められているが、はたして学校は学ぶにふさわしい場に生まれ変われるのであろうか。その改革の趣旨は、現行の教育を時代の要請に合わせるものであり、また生じた問題に対処するというものである。具体的には、一方では高度情報化社会にふさわしい教科を設け、また教科の選択の幅を拡げることで多様な要求に対処しようとしている。また、他方では不適応を示す子どもたちに対しては「心の教育」を押し進めている。この教育改革は、たとえ現状の秩序を維持する方向に働くとしても、それ以上の改革を期待しえないのではないかと思われる。しかし、いまわれわれが問題にすべきは自明化された現状の秩序そのものであり、またその維持の手だてになりさがった教育のあり方ではないか。

成熟した近代社会では、教育の機会均等あるいは豊かさにともなって進学率が増加し、逆にこのことが学校の機能的分化を曖昧にしている。現に、かつて多くの子どもたちが学んだ高等学校工業科、農業科がいまでは衰退し、ほとんどの子どもたちが高等学校普通科に通うようになり、その分だけ教育を複雑にしている。早い話が大学進学率が五〇パーセント近くまでになったがゆえに、わが国の高等教育の崩壊が始まり、これと連動してそれ以前の高等学校の教育、小中学校での義務教育が成り立たなくなったのである。たとえば、高等教育の普及は表面的にはエリート教育の拡大であるとしても、それに耐えうる人はいつの時代であっても同世代のせいぜい三〜五パーセントぐらいであろう(尾崎、一九九九)。高等教育の普及が高等教育の質を下げる結果となり、現にわが国の高等教育の崩壊は急速に進んでいるように思われる。

では、何故に、学校は子どもたちの学びの場となりえないのか。また、何故に、大学が高等教育を担えないのか。昨今の学校、大学が抱える問題を直視し、それを改革するためには、われわれはその新たな視座をどこに求めるべきであろうか。

そもそも学校とは一体何か。時代によっても、また社会によっても異なるが、学校は時代精神と深くかかわり、結果としてその時々の社会体制を維持してきたことは否定しえない。大学が時の権力に対峙し、反体制の先鋒にたったとしても、体制―反体制を超えて一つの秩序を形成するのに重要な役割を果たしてきたと言える。悪く言えば、学校は社会体制を維持してゆく手だてとして存立したのであり、今後とも存立しつづけるものである。

学校と社会の関係はその手だて云々にとどまらない。学校教育のあり方が社会を学校化し、また権力を内在化してゆくのである。学校教育が普及し、また社会が学校化する以前では、多くの人びとは高等教育とは無縁の生活を送り、また社会の学校化といったことも起こらなかったはずである。子どもたちは家庭あるいは地域のもつ教育力のもとで、人間として生きてゆくに必要な知識、技能、さらには人格を涵養してきたのである。家庭あるいは地域が教育力をもっていた時代にあっては、人びとは必ずしも学校教育を受ける必要はなかったのである。さらには、学校へ行くというような馬鹿な真似をしなくてもよかったのである（第5章参照）。

ところが、急速に進んだ近代化と高度経済成長のもとでは、一方では高等教育が制度として充実するなかで、人びとはかつてのエリート教育に誰もが参入しうるという幻想を抱いたのである。このことがわが国に高学歴社会をもたらし、それが伝統社会を崩壊させ、家庭あるいは地域の教育力を低下させたのである。これらが相互に関係しながら学校教育が加速的に崩壊しはじめたことは否めないであろう。

そもそも学校教育の崩壊は現在の社会状況の反照であり、学校に限定してもなんら解決策は得られない。ところが、社会状況の反照となると、いっそうその解決は難しい。その崩壊を食い止め、学校を大胆に改革するための手だては極めて限られている。

その一つは、ことの善し悪しは別として、学校を本来の目的であるエリートの養成に限定し、その他の学校を読み書き算盤のレベルに戻すことである。それは江戸時代の寺子屋に戻すことに等しい。当時の人びとの意識の高さがかなりのものであったことからすれば、脱学校化をそれほど恐れることはない。今後、日本の経済がマイナス成長を続け、人口がわが国の穀物の生産高に相当するまでに減少した暁には、このような江戸時代の教育を積極的に見直すこともありうるに違いない。としても、現時点では人びとの賛同を得ることはできない。

いま一つは、一方では優秀な人材の養成を積極的に推進しながらも、他方では学びの質の転換をはかることである。そのためには、学校を伝統社会で見られるような固有の学びの場に再構築してゆかなければならない。このことはかつて家庭あるいは地域社会が担っていた学びの場を学校が引き受けることを意味する。しかし、学びの場は固有のものであり、固有の場を捨象して成立する学校教育とは本質的に矛盾する。とすると、この矛盾を解決するなかで新たな教育の可能性を探るのでなければ、伝統社会で見られる学びのあり方、神髄を学校教育に生かすことは難しいように思われる。

固有の場は、他者との相互的なかかわりから立ち現われた世界であり、自らの存在がそこに埋め込まれている。その場は動的なものであり、かつ重層的なものである。たとえば、仏像彫刻における固有の場は師匠、兄弟子さらには新弟子相互のかかわりからなる実践共同体としてある。そこでは、彫るという行為が身体的であることは言うまでもないが、その行為が自らの身体性のなかに、さらには実践共同体のなかに埋め込まれ、さらなる行為を生み出してゆく。上達するにつれてより難しい課題に挑戦するようになるだけでなく、実践共同体で果たす役割もかつての周辺的なものから十全的なものへと移行してゆく。このように実践共同体は静的なものではなく、相互のかかわりのなかで絶えず再構築されてゆく。

職人の徒弟教育、芸道の教育そのほか伝統的な教育が成り立つためには、それにふさわしい実践共同体が不可欠である。そして、その共同体が十全に機能するために、それが重層的な伝統社会に埋め込まれ、かつ支援されていなければならない。その支援とは、いうまでもなく実践共同体が社会に開かれていることであり、具体的にはその技能、さらにはその所産が受け入れられ、徒弟たちが修業に専心できることである。

とすると、このような支援と切り離して伝統的な教育の「学び」の神髄を法則として定立し、それを学校教育に適用することはできない。そもそも定立と適用は固有の場を捨象したものであり、場の支援を前提とする徒弟教育にはできない相談なのである。

2　人の働き

徒弟教育と学校教育の違いを埋めるものがあるとすれば、それはまず固有の場での実践であり、そしてそれを介した個々人の体験であろう。ただ徒弟制を体験したからといって、その体験が直ちに学校で役立つわけではない。当事者がその体験を意味ある自らの経験とするなかで、表層的な理解を超えた真相の構造、つまり神髄を理解していて、はじめて徒弟制での体験を学校に生かすことができる。その理解は極めて身体的なものであり、その人と切り離せないものであることから、その神髄を学校教育に生かす場合も、その身体が直接表出してゆかなければならない。この表出が人の働きである。そしてその人の働きさえあれば、たとえ困難を伴うとしても、徒弟教育の神髄を学校教育に生かすことも決して不可能ではないはずである。

人の働きは徒弟教育と学校教育の乖離を埋めるものである。それは即興的なものであり、必要に応じてそのつど発揮されてゆく。人の働きは一朝一夕に身につくものでもなければ、直接他者から伝授されるようなものでもない。われわれは大工仕事、陶芸の仕事といった領域特殊的な技能を真摯に学ぶなかで、やがてその学びを超越する、つまり脱学習するなかで、自らの人の働きを涵養してゆく。人の働きは、それゆえに自己の現われとしか言いようのないものであり、具体的には価値判断の基底をなすテイスト（taste）、ものを見る眼、さらには勘、直観としてある（第6章参照）。

たとえば、加藤唐九郎は陶芸を固有の領域として、また西岡常一は宮大工を固有の領域として、そこで学び、修業するなかで領域一般的な人の働きを涵養してきたと思われる（第5章参照）。彼らの経験に基づいた知見、さらには人の働きが領域あるいは時代を超えて通用するのは、それが技術はもとより、技能以上ものであり、「技法」さらには「芸道」

といったものに近いからである。

このように人の働きは技能を超えて、「わざ」さらには「道」を伴うものである。その道には「一意専心して道の厳しさに徹しようとする強い宗教的精神性が付加されている」（安倍、一九九七）のであり、修業のなかで立ち現われる高い普遍性をもつと考えられる。ただ、すべての人が加藤唐九郎に、あるいは西岡常一になれるわけではない。また、彼らを豊かに涵養した陶芸、宮大工といった領域特殊的な世界に誰もが身を委ねられるわけでもない。

しかし見方を変えれば、誰もが領域特殊的な世界に生き、そこで個人的な体験を積み重ね、熟達者として存在していることもまた事実である。名もなき町工場の熟練工、職人、料理人だけでなく、家庭の主婦の多くもまた熟達者である。とすると、たとえ熟達の程度に差があるにしても、人の働きを涵養する機会はそれなりに与えられていると考えてよい。要は、その機会をいかに生かし、自らの人の働きを涵養してゆくかである。しかも、その機会を生かすか否かはひとえに個々人の意思に、さらには求める心に委ねられている。

求める心は固有の場でのかかわりからそのつど生成されるものである。それはわれわれが厳然としてそれ自体「ある」存在ではなく、自らを絶えず生成しつづけてゆく「なる」

存在、さらには現時点より一段高い自分に「なろうとする」存在であるからであろう（野村、一九九九）。「なる」存在であるからこそ、われわれは熟達者にもなり、また高い普遍性をも経験しうる。したがって、いま・ここに「ある」私は、実は絶え間ないかかわりの真っ只中の一つの結節点であり、その結節点は絶えず生成しつづける「なる」自己の一つの通過段階でしかない。そして、「なる」自己は固有の場での相互のかかわりのなかに埋め込まれていて、はじめて「なる」自己でありうる。

新たに見いだされた自己とは、たとえばかかわりのなかで気づかされた自分の弱さ、性格、あるいは新たに気づいた自分の才能を受け入れるなかで、または拒絶するなかでそのつど立ち現われる自己である。その際、立ち現われる結節点を絶えず自己として自覚し、それを新たなかかわりのなかに埋め込んでゆくことで、自己は豊かに涵養されてゆく。これこそが学校教育あるいは徒弟教育での学びの最終的な目的であろう。

ところが、昨今の学校教育は学業成績といった単一の尺度で子どもたちをとらえてゆく。そのため偏差値によるランクづけが隅々にまでゆきわたり、子どもたちはそれを介してしか自己をとらえられない。学校では成績の悪いものは立つ瀬がなく、自らを素直に受け入れられないのであろう。

一方の徒弟教育では、徒弟の仕事への取り組み、他者との関係、あるいはまた彼の人となりを踏まえて、最終的に彼の作品、芸事が評価されてゆく。彼らは多次元的な尺度のなかで自らを位置づけられることから、共同体に参加しているかぎり、そこで自己を確立してゆくことも決して不可能ではない。

としても、徒弟が時空に縛られた実践共同体のなかでのみ自己を見いだすかぎり、飛躍的な進展は望めない。確かに、初心者は具体的な、それゆえに時空を制約された場を必要とするが、熟達者になるにつれて、彼らはその共同体の時空的な縛りを徐々に超越してゆく。そのため、たとえいま・ここの場を具体的に共有しなくとも、生き生きとした実践共同体を構築していることもまれではない。

彼らは自らの創作行為を十全的に参加する師匠、創作仲間、兄弟子たちの仕事に、さらには時空を超えた共同体に埋め込んでいる。そこでは絶えず他者の眼にさらされていることから、優れた熟達者といえども受動的にならざるをえない。このことは創作という能動的な自らの行為が共同体のなかで受苦にさらされていることを意味する。能動的に働きかけ、またそれによる受苦のなかで、人びとは固有の場を構築し、生き生きとした共同体を作り上げている。

人の働きは、たとえば陶芸、宮大工といった固有の学びの場に参加するなかで獲得されたものである。それは熟達化の所産であろうが、その過程はほとんど解明されてはいない。人の働きと学びの場の構築の相互のかかわりの過程が明らかにされないかぎり、徒弟教育の神髄を近代の学校教育に生かすことは難しいように思われる。

第2章　徒弟教育

Ⅰ　参加としての学び

1　正統的周辺参加

徒弟教育の特性を明確にすることは難しい。第一、明確な特性をもたないこと自体が徒弟教育の特性である。だからといって実際に行なわれている徒弟教育間に共通する特性がまったくないわけでもない。何らかの共通特性があるからこそ、それらをまとめて徒弟教育と呼びうるのであろう。

ライル系の教育の分析哲学を踏まえた生田（一九八七）は「わざ」世界を取り上げ、伝統的な徒弟教育に言及している。また、彼女とは違った観点から徒弟教育を社会学化した、文化人類学者であるレイヴとウェンガー（一九九一）は正統的周辺参加論を展開している。

レイヴらはマルクス主義的な認識論を前提として、またヴィゴツキー派の活動理論、さらにはブルデューに代表される近年の実践理論を自らの理論的前提として、従来の徒弟教育を一気に社会学化している。この論からすれば、新弟子は正統的周辺参加という、ゆるやかな条件のもとで、実際の仕事の過程に従事するなかで業務を遂行するに必要な技能を獲得してゆくことになる。熟練者を含む実践共同体での活動に参加するという意味で、新弟子の参加は正統的参加であろう。その参加は、最終的な所産に対してはごく限られた責任しか負わないことから周辺的参加と呼ばれている。

参加のあり方は、当初は周辺的であるとしてもやがては十全的参加となる。この周辺から十全への移行が学習である。たとえば、新弟子として仕立屋に弟子入りすることは、直ちに実践共同体に参加することになる。彼は掃除から小間使い、さらにはボタン付けといった周辺的な参加を通して、やがては裁縫から裁断へと参加の形態を順次変えてゆく。周辺的な参加では責任を負うことは少ないが、しかし洋服には欠かせないボタン付けといった最終的な所産に関与しつづける。やがて熟達者になるにつれてその責任は重く、また新弟子に対して兄弟子として、さらには師匠として十全的に参加してゆく。周辺から十全への参加が保障されているという意味で、この参加は正統的である。

レイヴらがいう学びの特徴は、それを実践共同体への参加として明確に位置づけているところにある。実践共同体は時間をかけて形成されたある価値観を共有するなかで、人びとがそれを価値あるものと積極的に認め、それを生み出す重要な知識なり、技能なりを身につけさせてゆく。新弟子は周辺的に参加するなかでその価値観を共有し、やがてそれを十分に身につけるなかで十全的な参加に移行し、徐々に中心的存在になってゆく。十全的な参加者になると、諸技能の体系を習得していると同時に、自らが実践共同体の中心的な存在であるというアイデンティティをもつようになる。これが彼女らのいう熟練のアイデンティティであり、学びとは最終的にはこれを形成してゆくことである。

2　盗み取る

いま、このような実践共同体での教授過程をみてゆくと、学習者は師匠から直接教えられるわけではなく、実際の仕事に従事してゆくなかで学んでゆく。そのため徒弟教育は「教えない」という特性をもつが、それでいて学びが保障されるのは、この教育が実践共同体のなかで行なわれているからである。法隆寺の宮大工の棟梁であった故・西岡常一はかつての体験を次のように語っている。

これを切れるように研げ

祖父はわたしに、いまの教育のように、手とり足とりで教えてくれるようなことはありませんでした。すべてが「体で覚えろ」式でした。

大工仕事は、大工の手足になる道具のいかんにかかります。またその切れ味は研ぎ方にかかってきます。このため大工修業では「研ぎ三年」といわれるほどです。祖父ははじめにノミを与え、「これを切れるように研げ」といっただけで、研ぎ方は一切教えてくれませんでした。

「わからんかったらわしの道具箱を見てみい」

「とことん研いでみい」

と何をきいてもおし返されました。ノミの次はカンナ、ノコギリの目立て、……すべて同じくり返しでした。（中略）

体で覚えるというと、頭の方は空っぽでもよいととられるかもしれませんが、そうではありません。むしろ仕事のやり方を教えてもらえず、やりそこなうと、

「そんなことようせんのか。そんなことで法隆寺の大工がつとまるか」

です。こうなるとその仕事のやり方を、一週間でも二週間でも、考えに考え抜いて、それに体あたりしていくしかありません。頭も体もとことん使いました。こういう修業が

五年以上も続いて、十九歳の昭和三年ごろ、どうにか営繕大工として、祖父や父から認められました。（西岡・小原、一九七八　頁二二九―二三一）

西岡常一の師匠である祖父は「これを切れるように研げ」と言って、弟子である彼を突き放し、彼もまた師匠に頼ることなくその研ぎ方を自ら考え抜いたのである。一見すれば、祖父と彼とのあいだには実践共同体の構成員としての自覚はおろか、一切の関係すらないように思われるが、決してそうではない。いま、この種の教育が通常の学校教育で行なわれたとすると、多くの子どもたちは一体何をどうしてよいかわからないままに途方にくれ、問題の解決を放棄するだけであろう。徒弟教育では、たとえ突き放しているように見えるとしても、実際にはその背後で深い配慮がなされているようである。この深い配慮がなされているからこそ、師匠は弟子を突き放しうるのであろう。この配慮こそ、昨今の学校教育の現場でしばしば見られる突き放しと根本的に異なる。

たとえば西岡常一の場合では、「わからんかったらわしの道具箱を見てみい」と師匠が言い切り、しかも道具箱のなかには師匠の研いだノミがある。それは弟子の力量では到底手の届かないほどのしろものであり、当然憧れの、自らのめざすべきものとしてある。このためたとえ突き放されたとしても、切れるノミの存在を通して師匠とともにあることになる。

具体的にはノミを研ぐという行為のなかで、弟子は「はやく師匠のようになりたい」といった思いとともに、師匠の世界に潜入し、その世界と一体化してゆくのである。その際、たとえ突き放されてノミを研ぐとしても、どこかで師匠が、兄弟子が実際にノミを手早く研いでいる姿を目にすることもできる。また、師匠の方でも言葉にださないがその機会を与えているはずである。としても、師匠は親切に見せてくれることはまずないようである。仕事の手を休めて見ていると「ぼやぼやするな」と一喝されるのが落ちであろう。弟子のできることは、実践共同体のなかで仕事に参加するなかで、師匠のそれを「盗み取る」ことであり、また、師匠も暗にそれを勧めているようである。

このように、一方では師匠と一体化し、他方では師匠の研ぐ姿を、また自らの研ぎ方を対象化することで、仕事についての概念的知識を獲得してゆく。このような繰り返しを絶えず続けるなかで、弟子は確実に自らの力量を高めてゆく。その力量とは、単にノミを上手に研げるようになるだけではなく、師匠の発揮する「わざ」の世界を理解する力量でもある。

Ⅱ　技術、技能そして技法

1　知識観

実践共同体には力量ある兄弟子がおり、その奥には優れた師匠の存在がある。そのなかで弟子は仕事のやり方を一週間でも二週間でも考えに考え抜いて、それに体当たりしてゆく。この教育では、教えないがゆえに逆に弟子自らがそのやり方を十分に時間をかけて考え抜くことをなによりも重視し、その時間を教育制度として保障している。その制度の一つが、たとえば内弟子制であろう。

これに対して学校教育では、一つのことに十分な時間を割くようなことは難しい。また、教育が集団でなされることから個々人のレベルに合わせて教育されることも少ない。それだけでなく、学習に必要な時間は学習者の理解に合わせて規定されるのではなく、むしろ教える側の意向でまえもって決められていることが多い。そのため、個々人の要求する時間がいちいち制度として保障されることはまれである。

時間を保障しえないのは教育が効率を重視するからであり、このことが教育のあり方をいちじるしく歪めている面もある。効率の重視は教育に限られたことではなく、近代社会を特徴づける特性の一つであり、近代社会で徒弟教育を求めること自体がしょせん無理なのであろう。徒弟教育は伝統社会、あるいはそれに類した社会にあってはじめて成り立つ。現に、近代社会にあっては学校教育が広く受け入れられており、伝統的社会ではいまなお徒弟教育が力をもっている。いずれも社会的要請に基づいたものであろう。

とすれば、社会状況の違いを一切抜きにして教育のあり方の違いを論じること自体が無意味である。重要なのは何を伝え、授けてゆくのか、そのことを十分に踏まえたうえで、それにふさわしい教育があり、しかもいまなお続いているという事実である。

まず、その内容の違いとは、結局それぞれの教育が依って立つところの知識観の違いでもあろう。学校教育は、まず知識の枠組みあるいは法則を注入し、それに基づいて具体的に知識を運用することに重点を置いている。そのため、この教育の最も得意とする知識とは実体化されやすい知識であり、概念化の容易なものである。物理学とか数学はいうに及ばず、抽象度の高い歴史教育などにもこの教育は力を発揮する。

一方、徒弟教育は知識を関係主義的にとらえる立場であり、概念化が難しい知識を伝授するのに適した教育である。なかでも身体が深くかかわる技能を伝授するのに最適であろう。そもそも、この種の知識は師匠から弟子へと直接伝授されるものであり、しかもその知識は双方が場を共有し、互いに分かり合うなかで伝えられてゆく。ここで伝授される知識は言語で表わされるような類の実体的なものではなく、固有の場に埋め込まれ、そこでのかかわりのなかでそのつど立ち現われてくる知識である。

具体的な課題を教授する際には双方の教育が相補的に働く。たとえ抽象的な知識であっても、それを言語化し、記述可能な概念レベルにとどめるのではなく、イメージさらには日常的な体験が深く関与してはじめて理解しうるはずである。たとえば「浮力」を理解するためには、水中では身体が軽く感じられるといった具体的な経験が重要になろう。

一方、身体的な技能の伝授にしても、論理的な、概念的な操作を抜きにしては成立しない。現に、徒弟教育ではたとえ身体を通して知識を身につけるとしても、抽象的な知識もまた不可欠である。学習者は、一方では抽象的な知識を獲得し、他方ではそれらを深く理解して身体でとらえていなければならない。と言うのも、現実には双方が分かちがたく重なり合いながら発揮されてゆくからである。たとえば薬師寺の再建にもおいても、宮大工の棟梁である西岡常一が指摘するように、職人のもつ伝統的な技能に抽象度の高い近代の技術が深く取り入れられている。

2　知性的技能

そもそも近代の技術は自然科学的な成果、知見を応用して構築されたものである。その種の知見はものごとを客観的に観察した事実に基づいたものであり、近代の知、科学の知とも呼ばれている。それは具体的な状況と離れて記号、言語に置き換えられ、また抽象的なものであることから、論理的操作にも十分耐えうる。また、技術は人それ自身にあるのではなく、人を離れて論理的に構成されたシステムにあると言ってもよい。そのため、ある技術者の代わりを見いだすのはそれほど難しいことではない。近代の学校教育はこの代わりになりうる人を絶えず生産しつづけていると見なすこともできる。

一方、伝統的な技能はまず人の働きとしてあり、その人の働きを支える実践共同体、伝統社会にある。この理由で、優れた技能を保持している人の代わりを見いだす、あるいは育てることは決して容易なことではない。その技能が技能として発揮され、またそれが代々伝えられてゆくためには、それを必要とする社会の存立を前提とする。

木の心を知る

斑鳩の著名な宮大工であった故・西岡常一は、宮大工として学ぶことの中核に木を知ること、木の生かし方を据えて、これらを大工としての技術の習得に優先させているようです。木の使い方にしても、大工は木の生えている場所を考えて、その性質を見抜いて、その性質が最も生かせる場所に用いることが要求されます。彼らはなによりも木の心を知ることを強調します。木の心を忘れて寸法だけでは、何百年もの風雪に耐えうる建物をつくることは難しいようです。

木に触ったり、いじったり、匂いをかいだりして一本ずつ違うことや、それぞれ癖があって使いようが違うことを、大工は知っていなければなりません。それは技術ではなく技能であり、さらには技法の働きによるものです。技術というのは歪んだものをまっすぐにするものです。ですから、歪んだ木を製材し、寸法だけで建物を建ててゆきます。ところが、技能さらには技法は曲がった木をそのまま生かして、木にもたれて仕事を仕上げてゆくものです。

西岡常一は檜を使って塔を造るときは少なくとも三百年後の姿を思い浮かべて造り、三百年後には設計図通りの姿になるように考えて隅木を入れてゆくと語っていますが、このわざこそ技法と呼ぶにふさわしいものです。(西岡、一九九三)

技能さらには技法は、建築素材と大工の技術によって建物を建てるといったレベルを超えて、何百年後の建物の姿を構想しながら素材そのものをいかに生かすかという、いま・ここでそれを用いる人の働きとしてある。技能、技法は建築技術のより深いところにある領域一般的な、暗黙の知識と分かちがたいものであり、知識と技能を一元論的にとらえた知性的技能（レイヴとウェンガー、一九九一）に近いものである。

そもそも、技能、技法と呼ばれるものの大部分は記号、言語で置き換えられないものであり、そのため必ずしも論理的操作に耐えうるものではない。むしろ技能は論理によらない直観に頼り、ものごとを全体的、統合的にとらえてゆく。そのためであろう、技能を伝授することは難しい。だからこそ優れた師匠と固有の場を共有し、相互主体的なかかわりのなかにあって積極的に自らがコミットすることで、それを学んでゆく以外に手だてをもたない。実際には習うよりも慣れろで、知らず知らずのうちに技能を自らの身体の一部にしていることも少なくない。そして、その技法の現われとして自分の仕事ができるようになり、また共同体のなかで自分の役割を了解するようになる。このなかで自らの人の働きと仕事がつながり、そのことを契機にして自己を確立してゆく。

第3章　徒弟の学び

I　模倣から創造へ

1　「教えない」ことの意味

徒弟教育は、教えることを重視する現行の教育とはまったく違った考えに基づいている。いま、学習すべきものがまえもってあり、それを学習者の頭のなかに注入することが教育であるとすると、教育の役割はなによりもまず教えることであろう。これに対して、学びが具体的な状況のもとで成立するとすれば、学びを支援するシステムが教育ということになる。その一形態として「教えない」教育も存在してよい。ただ、文字通り教え、育むことが教育であるとすると、はたして「教えない」教育が成り立つのか、はなはだ疑問ではある。その真意は、むしろ教えることよりも学ぶ方に重点をおいていると言えよう。事実、この世界では、「わざ」は教えられるものではなく習うものであると言われている。この点で、「教える」ことに重点をおく学校教育と大きく異なる。

「教えない」という教育方法の意味

邦楽の教育は基本的には単なる技術の伝達よりは曲の神髄の理解を通して邦楽の精神を体得させることを主眼としたものであるとよく言われる。そのような高次の理解を学習者に生じさせることは、初歩の段階では極めて困難なことであり、またそれは教師が一方的に説明しても学習が進行するものではない。また学習者にそのような邦楽のコツを理解したいという強い要求がないのに教えても効果はない。ここから邦楽の教育は、「教えない」ことであるという矛盾した表現がしばしばなされる。これは邦楽だけでなく日本の芸能、工芸など全般について専門家養成の場合にみられる特徴で、おそらく禅における自証自得とか教外別伝というような教え方の影響を受けたものと思われる。基本的には師から与えられるのを弟子が待って、受け身でそれを身につけていくという態度を戒め、能動的積極的に自分の必要なものを師から奪いとるという強い求道精神を養うものとして「教えない」ということが言われている。（梅本、一九八五　頁一八一―一八二）

学校教育、徒弟教育のいずれにしても、教育であるかぎり、そのいとなみが意図的なものであることは否定しえない。しかし、その意図の意味は質的に違ったものである。近代公教育では意図が明示化されているが、徒弟教育ではその意図性は実践共同体に、具体的には状況に埋め込まれている。これが「教えない」教育を支えている。たとえば、新参者がある形式的な所作を経て実践共同体に入ったとしても、その共同体は未だ不透明であり、一体何をなすべきか、どこに身を置くべきか、などに関してはわからないままである。実践共同体のもつ意図性が不明であり、それがわが身を委ねた共同体のなかに埋め込まれていることを了解するには相当の時間がかかる。

ただ、内弟子は師匠あるいは兄弟子と生活空間を共有し、師匠らの稽古、立ち居振舞い、その他すべてを直接眼にする機会は与えられている。そのため徐々に実践共同体の輪郭をつかみ、自らの身の置き所を了解してゆく。としても、教えられたり、稽古をつけてもらったりすることはほとんどないと言われている。直接的な稽古は、たとえば月謝を払って来ている通い弟子のほうがはるかに多いようである。

徒弟教育では、むしろ稽古をつけずに師匠の稽古を見せたり聴かせたりする機会を非常に重視し、そのためあえて教えないのである。普通、内弟子になると、三年間程廊下とか稽古場の拭き掃除をさせられ、その他お使い、時には子守りなどをさせられることもある。まさに師匠の家へ丁稚にゆくようなものであり、女中の代わりに働くこともまれではないようである。その後やっと、たとえば芸事とか刀の研ぎ方を教えられるが、その教え方は「おまえ、ここがおかしいぞ」とか「もう一回やりなおし」といったごく簡単な示唆、つまり評価、判断を時々与えるのみである。

内弟子制といった特殊な教育制度のもとでなされている教育あるいは学びの内実から、われわれは教育とは何か、学びとは何か、といったことに関して多くを学ぶことができる。内弟子制では教えないことも多いが、なによりも学ぶ機会を十分に与えている。また師匠は、なにも内弟子に掃除をさせることで弟子たちの芸が上達すると思っているわけではない。そこにはもっと深い配慮があるようである。

学ぶ者からすれば、掃除云々は芸を「わざ」を受け入れるための準備期間であり、さらには後で「わざ」を習得してゆく際に重要な役割を果すであろう、ある種の雰囲気を獲得する場でもある。一方、師匠として教える立場からすれば、弟子の力量、性格を見抜き、将来ものになりそうか否かの判断をしてゆくための重要な期間でもある。師匠は自らの芸を、「わざ」を伝えるためには、弟子がこの種の雰囲気を十分に身につけていなければならず、そのためには相当の準備期間が必要であることを、自らの経験を通して知っているのであろう。

その深い配慮を十分に理解しない者からすれば、内弟子制があたかも奴隷制であるかのように思われ、批判の対象になる。外国人の力士が相撲部屋での付き人などの慣習を理解しえず、「奴隷部屋」と称して出ていったことは記憶に新しい。これなども文化的背景の違いであり、徒弟教育が固有の文化と深く結びついている一つの証左と言えよう。

2　内弟子制で何を伝え、学ぶのか

師匠と生活空間を共にするなかで、まず弟子は「わざ」を習得するための雰囲気を、さらにはその背後にある共同体の構造、特性を把握し、やがて師匠の芸事を模倣してゆく。この過程で重要なことは、弟子が入門当初は物理的に、やがては精神的に師匠あるいは兄弟子と一体化してゆくことである。内弟子に課せられる掃除三年云々もすべてこのための準備期間と考えてよい。弟子の最終目標は師匠であり、弟子は師匠をめざして稽古にはげむ。

師匠の存在は決して自己に対峙するものではない。確かに、冒しがたい威厳を備えた怖い師匠ではあるが、生活空間を共にするなかで、弟子は師匠の身のこなし、態度を自然のうちに身につけてゆく。そして漠然としてではあるが、弟子は師匠に、師匠の世界に潜入するようになる。このことは後に「わざ」を習得してゆくためにも極めて重要なものである。

「わざ」の習得は、一方では共同体に、さらには師匠に一体化してゆくことであり、また他方では、この一体化を徐々に自らの言葉で、身体で、あるいは作品で具体的な姿に分化し、対象化してゆくことである。この繰り返しのなかで、弟子は師匠の背後にある「わざ」の世界を理解し、また自らの言葉で、あるいは作品で自らを表現してゆく。やがて弟子は師匠から独立してゆくにふさわしい力量を身につけてゆく。

一体化しうるのは、師匠と弟子のあいだに心理的な相互浸透、つまり共感が働くからである。その最たるものが弟子から師匠への感情移入であろう。弟子は師匠に自らの感情を移入し、そのことを通して師匠の心的状態を理解してゆこうとする。この感情移入は自分の感情を投入し、しかもそれを感じ取ることから、主観と客観の未分の状態にあると言われている。

弟子がとらえた師匠の心的状態と師匠の実際のそれがおなじというわけではない。当然双方には質的な違いもあり、何らかのギャップがあって当然である。ただ、ギャップといっても、その多くは漠然としたものであり、明確に意識されるようなものは少ない。初心者の場合には特にそうである。弟子は師匠と固有の場を共有し、師匠の発揮する「わざ」の表層、あるいは師匠の日常の立ち居振舞いを模倣してゆくなかで、徐々に師匠の世界に深く潜入し、そのことによって師匠と一体化するようになる。弟子は師匠と一体化することを通して、師匠の意図を、「わざ」の型をいつかは自分のものにしてゆく。それは言語によらない、言語以前の世界での交流を通してである。

もちろん、この種の共感あるいは感情移入は心理的次元でなされるが、それだけではない。もっと深いところでは、前意識的な次元での感覚＝運動的感応による同調がかかわっている。ここでいう感応的同調は、市川によれば、たとえば幼児に見られるように、初歩的には他者の行動をほとんどそのままなぞるところまでゆくが、やがて素描的身振りや表現による感応、さらには外に現われない筋肉的次元での下描に縮約される。もっとすすんだ段階では、単なるイメージあるいは概念によって可能的行動を先取りし、下書きする観念的感応へと内面化される。（市川、一九七五）

徒弟教育の初期の段階の特徴である、たとえば師匠との一体化は幼児に見られるような同調であり、師匠の外面的な行動をほとんどそのままなぞる程度のものである。このレベルの同調はもっとも初歩的なものであるが、極めて重要なものであり、後の素描的身振りや表現による感応、さらには観念的感応の基礎となる。師匠はこの重要性を十分に認識しているからこそ、たとえば内弟子制ではあえて廊下の掃除を三年間もさせたりするのであろう。

このレベルの感応的同調は、相手の行動に対して感覚＝運動的に同一化する同型的同調と、応答的同調ともいうべき相互模擬の行動の二つに分けられる。これら二つの型の同調は、一見正反対の行動のように見えるが、実際はその場の生理＝心理的状況に同一化する二つの仕方にすぎない。

まず同型的同調は、感応動作や筋肉的な素描に認められる。これによって他者の行動や表現の意味を、また他者の感覚や情動や精神状態さえも、いわば身体的に感得し、内面化する。この同調による身体的感応は、状況に応じてさまざまに意識化される。身近な人のくせがいつのまにか自分にうつっていることに、あとから気づく場合のように、感応による模擬がまったく当人に意識されないままに、感覚＝運動的次元で行なわれていることもしばしばある。

これに対して応答的同調は、集団スポーツや知的共同作業の深層にあって、緊密かつ的確なチーム・ワークを可能にしている生理＝心理的過程である。この場合、集団にあってわれわれは自分の役割と行動を理解していると同時に、当の状況への同一的かかわりを通して、他者の役割と行動をも感応的に把握し、理解する。われわれは他者の行動を内面的に素描しながら、自己の現実的行動によってそれを補足し、共同作業の絶えず進展する全体的ゲシュタルトを完成し、維持する。たとえば刀匠に弟子入りしたものが、補足的な作業を繰り返しているにもかかわらず、いつの日か自ら刀を造ることができるほどに「わざ」に習熟してゆくのも、単なる知的理解によってではなく、身体的認識とでもいうべき応答的同調の働きによってである。

3　ギャップの認識と解消への努力

芸事とか「わざ」は、固有の場での師匠、兄弟子との一体化と対象化を繰り返すなかで習得される。なかでも弟子はこの対象化を通して、一方では師匠とのギャップを認識し、また他方ではそれを解消すべく積極的に努力してゆく。その際、どのようにギャップを認識し、そしてそれをいかに解消してゆくか、その手だては、多くの場合固有の場に埋め込まれている。弟子は場の情報に、時には支援されながら、時には制約されながら、必要なことを身につけてゆく。

そもそも、当人の抱くギャップは目標との関係で規定されるものであり、目標のとらえ方次第でギャップの認識も、また解消への手だても異なって当然である。

まず、近代の学校教育では、教える者が到達すべき目標をそのつど明確に提示する。また、その目標の拡大は、単に下位の目標から順次上位の目標をめざすというような直線的なものであることが多い。そのため、認識されたギャップというよりは、ギャップそのものが厳然としてある。しかも、その解消の手だても提示されることから、ギャップの認識云々は問題にはならない。

一方、徒弟教育では、この種の目標は普通提示されないことが多い。第一、伝えるべきものの構造が一体どのようなものか、師匠自身も明確にはとらえていないことも少なくない。弟子は実際に「わざ」が発揮されている具体的な状況に身を委ね、あるいは師匠の演技、稽古を見る聴くなかで、めざすべき「わざ」を自らの目標として定め、それを習得してゆかなければならない。

この場合、可能性としての目標は、単にその「わざ」としての演技だけにとどまらず、それを発揮する人、さらにはその発揮される状況さえも含むすべてである。師匠が弟子に期待し、またその師匠の期待を弟子が積極的に汲み取りつつ、弟子は自らの習得のプロセスのなかで、目標を生成的に絶えず拡大してゆくことを求められる。したがって、ギャップもまた、それ自体あるのではなく自らが実践共同体のなかでそのつど生成したものである。

このように、徒弟教育における目標は弟子自らが自らのうちに生成的に拡大するそれである。それ自体独立に、弟子の外側に存在するものではない。徒弟教育の目標は、ある程度構造化されている全体的なモデルに、習得のプロセスでそのつど身体が納得し、実感としてとらえたものを組み込み、モデル全体を生成的に拡大、充実させてゆくといった非直線的、質的なものである。

いま、徒弟教育の目標がこのような特性をもつとすると、生成的に拡大しえない習得初期の弟子たちは、一体何をどう学ぶべきか皆目見当のつかないこともあるに違いない。そのためであろう、かえって目標とのギャップといったことは問題にすらならないことも多いようである。だからこそ内弟子制では、特にこの時期に掃除とかお使いとかをさせることで、弟子が漠然とした全体的なモデルを作り上げる機会を与えているのである。また、弟子の方も師匠をただ「善いもの」として認識し、あるいは師匠によい意味で冒しがたい重み、威光を感じ取ってゆく。

弟子は師匠の立ち居振舞い、その他すべてに感応的に同調することを通して、漠然としたモデルを獲得してゆく。やがて全体的なモデルも徐々にできあがり、そのモデルにしたがって自らの芸を、「わざ」を具体的に表現してゆく。表現することで、かえって師匠と自分とのあいだに容易に解消しえないギャップを認識することもある。このギャップを解消するために、一方では師匠を模倣してゆくなかでモデルを精緻化し、他方ではそれに基づいてデータを取り入れ、さらに概念モデルを修正してゆく。

弟子が模倣しうるのはあくまでも表層的な「形」のみであり、その形を生み出した深層の「わざ」、つまり型そのものを模倣することはできない。しかし深層のそれを模倣しないかぎり、師匠とのギャップは解消されないままになる。そこで弟子のすべきことは、自らの模倣した形の意味を、その形を支えている状況全体のなかで、自ら問うことを通して、それを身体的に実感として把握してゆくことである。換言すれば、状況全体のなかで自らの形を納得し、それを実感として受け入れてゆくことで、自らの表出を「わざ」世界にまで高めてゆかなければならない。

さらに、納得し受け入れてゆくものは、単に表現された部分だけではない。そのものが直接表現されない部分、つまり「間（ま）」をも含んだものである。表現しえない「間」は、単に表現された部分と部分とをつなぐだけにとどまらず、構造全体を構成する際に最も重要な役割を果たす。この「間」をどう表現するかで「わざ」全体のありようが決まり、またその表現そのものが自己の表出となる。このように「わざ」の完璧な表現とは、表現された形と表現されない「間」との密接な関係のうえに成り立っている。そのため、「間」の体得が「わざ」の究極の目的とさえ言われることもある。

弟子は深層の模倣できない世界を身体的に把握し、また表現されない「間」をも組み込んで、「わざ」を具現化してゆく。この過程には弟子自らによる絶えまない解釈の努力がある。また、それによってはじめて師匠とのギャップは解消されてゆく。

ただ、現実に解消するとなると、それは決して容易なことではない。と言うのは、この場合の解消の過程そのものが、身体が納得し、実感としてとらえたものを組み込み、モデル全体を生成的に拡大、充実させてゆくといった、非直線的、質的な生成的拡大の過程であるからである。弟子は、一方では生成的拡大に伴って師匠の大きさを知り、彼との力量の違いを正確に把握してゆくが、他方ではその解消をめざして積極的に解釈への努力をしてゆく。この絶え間ない繰り返しのなかでギャップを解消し、弟子は徐々に師匠の世界に近づいてゆく。

4　評価の不透明さ

師匠が弟子に与える評価は極めて不透明なものであることが多い。ただ、不透明という表現は不適切である。師匠自身が明確な評価を与えたくとも与えられない、というのが正直なところであろう。第一、彼自身が評価と直接関係する目標を、弟子の力量に合わせてあらかじめ低いところに置いているわけではない。そのため弟子に与える評価は、たとえば「これを切れるように研げ」とか、「もう一回やり直し」あるいは「わからんかったらわしの道具箱を見てみい」といった簡単な示唆や判断にすぎないことが多い。

この種の評価しか与えられない弟子は、それゆえに自分の行為のどの部分がどのような問題になっているのか直ちには理解しえないことも多い。自らの解釈の努力によって、その評価の意味するところを「ああでもない」「こうでもない」とさまざまに考え抜き、そのなかでその評価の意味を状況全体に照らし合わせ、それを納得して受け入れてゆかなければならない。

さらに、弟子が「わざ」にかなり習熟した段階に到達すると、師匠の評価はこの世界に受け継がれている独自の比喩的な表現によって与えられるようになる。弟子は自らその比喩のなかに埋もれている類似性を発見し、師匠の意図をつかむべく積極的に解釈してゆく。この比喩を媒介にした解釈によって、弟子は師匠の意図している世界を、「わざ」の可能的世界をさまざまに描いてゆくことができる。このような間接的な表現による評価は、生田（一九八七）の言うように、直接的な行動を指示しない反面、師匠のなかの生の感覚とおなじ感覚を学習者のなかに引き起こし、それによって学習者自身の推論、洞察を促すべき方向に働くようである。

この点に関して、生田は次のように言う。外見においては正確な「形」の伝達は、すなわち「結果真似」の指示は、記述言語や科学言語を用いることによって可能となるであろうが、「形」の習得を超えた「型」の習得は、そのような記述言語や科学言語で適切な指示を与えることができない。「型」あるいは「間」は、直接的な形では伝達することはできないのである。学習者自身が身体全体で推論活動をしながら体得しなければならず、そこで間接的な働きかけが重要な意味をもってくるのである。（生田、一九八七　頁一〇四）

5　解釈の努力とは一体何か

このように徒弟教育では、弟子に与えられる評価が不透明であったり、あるいは評価、示唆が比喩という間接的な形態をとることで、逆に弟子自身の内側から好奇心、探索心が生まれるように配慮している。もちろん、師匠がこの種の配慮を意識的に行なっているわけではないであろうが、この教育は弟子自身のうちから生じる内的な働きを抜きにしては成立しえないものである。弟子は教えられないがゆえに、教えられない部分を自らが積極的に解釈し、自ら創意工夫することで学習してゆくのであろう。

しかし、徒弟の学びを動機づけているものは、必ずしも好奇心などの内的なものだけではない。むしろ好奇心を介して共同体に全人格的に参加しつつあるという実感、さらには共同体のなかで自分の場が確保され、それが将来に向かって拡がりつつあるという予感が徒弟の活動を豊かにし、また参加の形態を十全的なものにしてゆく。

具体的には、徒弟はこれらの実感、予感に導かれつつ探索心、あるいは創意工夫、さらには模倣した形の意味を積極的に解釈してゆく。やがて弟子は単に師匠の芸を、作品といった結果、つまり外に表出されたものを模倣するだけでなく、それらを引き起こした原因を探し当て、その原因から結果を導くようになる。このことによって徒弟は、以前にもまして参加の実感、さらには拡がりの予感を抱くようになってゆく。いずれにしてもこの段階に到達して、はじめて弟子は師匠の世界に入り込み、師匠と同程度の、時には師匠以上のものを生み出すことがある。ここにおいて弟子ははじめて独自の世界を展開し、やがて師匠から独立してゆく。

いま、徒弟教育をして徒弟教育ならしめるものは一体何か、といった問いを突き詰めて考えてゆけば、最終的には弟子自らが積極的に展開する解釈の努力ということになろう。「教えない」、非段階性、評価の不透明性、といった一連の特性もすべて弟子自らの解釈の努力を引き出すためのものであると考えてよい。

では、解釈の努力を生み出すものは何か。それは師匠のようにうまくなりたいといった素直な情念であろう。それを内発的動機づけと呼ぶこともできようが、それはひとえに固有の場での学びに依っている。固有の場ではうまくなることによって仕事を任せられる、評価が上がる、収入が多くなる、さらには共同体での参加の形態が十全的になる、といったことが考えられる。これらは同時に外発的動機づけでもある。いずれにしても、固有の場では目標―手段関係が明白であり、いま・ここの自らの行為を目標に容易に結びつけることができる。少なくとも、学校教育と違って、何のために学ぶのか、といった自己懐疑的な思いに陥ることは少ない。

解釈の努力がいかに重要であるとしても、それ自体が独立に存在するものではなく、弟子自らが具体的な課題に従事するなかで、そのつど生成するものである。ただ、徒弟教育では入門が幼児期ということもあって、入門当初から解釈の努力が生まれるとは到底考えられない。むしろ興味、関心をもつことができない子どもが大半であろう。たとえそうであっても、師匠の模倣をしている過程で好奇心が喚起されたり、あるいは実践共同体内で具体的な課題に従事してゆくなかで、たとえばわかることとやできることの意義を見いだしてゆくはずである。これらの過程からおのずと解釈の努力が生れてくるのであう。

では、何故に徒弟教育の過程で好奇心あるいは実感が喚起されるのであろうか。極めて興味深い問いである。教えられない、評価が適切に与えられない事態で、師匠の表出した世界を模倣してゆくとき、弟子の行為は一見すれば試行錯誤的に行なわれているようにも思われるが、事実は決してそうではないようである。西岡常一の回想にもあるように、このような事態では、弟子は仕事のやり方を、一週間でも二週間でも考えに考え抜いて、それに体当たりしてゆくしか他に手だてをもたない。弟子は考えに考え抜き、「こうすれば、こうなる」といった仮説のもとで模倣を繰り返している。だからこそ、その仮説が実証されると、その行為はもはや模倣以上のものとなるのであろう。しかも、仮説が実証されたかどうかの判断もまた弟子自らが下すことになる。評価が詳細に与えられない徒弟教育の事態では、弟子は自らを評価してゆかなければならない。

この種の自己評価は、学校教育の場面で頻繁に行なわれている他者評価に比べてはるかに満足、不満足といった動機づけを引き起こすはずである。その際の自己評価の評価基準は自らのうちにあり、その基準は尊敬し、威光を感じる師匠、兄弟子との関連で設定されたものである。あるいはまた、弟子のまわりには常に優れた作品、演奏がある。それゆえにより優れたものへと自らを駆り立ててゆくことから、評価の基準は一層厳しいものになる。自らの設定した基準に到達したいという欲求が自らのうちに生じても決して不思議ではない。このように徒弟教育では、目標さらにはその目標に到達したか否かの評価の基準が弟子自らのうちに生成的に拡大し、より厳しいものになってゆく。

徒弟教育を通して弟子が習得するものはあくまでも具体的なものであり、近代公教育の場面でなされているような抽象的なものではない。それは具体的な演奏であったり、作品であったりする。また目にし、耳にする師匠の演奏あるいは作品もまた具体的なものであり、いずれも少しずつ異なったものであり、おなじものであることはない。しかも、それらの作品、演奏の背後にある状況も当然異なる。弟子はそのつど異なる状況のもとで、時には「ああでもない」「こうでもない」といったことを繰り返しながら、他方では「こうなれば、こうなるはずである」といった仮説のもとで、直面した課題に対して入念に対処してゆく。その対処は自らの言葉で、あるいは直接体験を介してなされることもあって、結果として自らの期待や感情と結びついた個人的、情緒的な色合いを強くもった知を構成してゆく。このようにして獲得された知は、それゆえに対象化を前提とした冷たい知ではない。

Ⅱ　徒弟の知

1　徒弟の知とは

徒弟教育では、状況に埋め込まれた形で学びが進行する。そのなかで徒弟は新たな知を獲得する。その知は広義の臨床の知（中村、一九九二）に内包されつつも、それを新たに「徒弟の知」と呼ぶに値するだけのいくつかの特性をもつ。

まず第一に、徒弟の知は抽象的な概念的な操作から構成されたものではなく、実践共同体に参加するなかで獲得された身体的な知である。徒弟の知は社会的実践のなかで獲得されたものであり、実践によって意義づけられ、方向づけられている。したがって、その知は固有の場で、しかも参加の形態にふさわしい形でそのつど即興的に発揮される。

第二に、この知は自然の姿をみごとに映し出している。自然とのやりとりのなかで獲得されたものであり、自然を反映した知であると言ってもよい。これは「わざ」そのものができるだけ人為を排除し、「おのずからそうであること」といった意味での自然の摂理、境地を重視しているからであろう。

たとえば、優れた大工なら建築材料となる木そのもののもつ特性を十分に引き出し、あるいはまた建物を取り巻く風土、自然などに関する情報を十分に取り込んで、それを有機的に統合する形でその知を構成し、建築に取り組んでゆく。だからこそ何百年といった風雪に耐えうるだけのものを建築しうるのである。また優れた陶工なら、土と炎とのかかわりのなかでみごとな陶器を焼き上げる。それを可能にする知は、土のもつ良さを、またそれを活かす炎のもつ力を的確につかんだものである。

第三に、この知は言語を超えたものである。しかし、必要なら完全ではないにしてもその一部は言語化され、言語を媒介にして他者に伝えられてゆく。その言語化の程度は人によっても、あるいは力量によっても異なるが、いずれの場合であっても、徒弟の知のすべてを言語で表現しつくすことはできない。それは言語が曖昧だからであり、また徒弟の行為も揺らぎのなかにあるからである。そのためであろう、表現すればよいというものではなく、表現されない部分はかえって弟子自らの身体にとどまり、必要に応じて利用されてゆく。

第四に、この知は直観、勘といった形をとって、その力を十分に発揮する。この知は言語を媒介にして機能するのではなく、身体性を帯びた自己と深く結びつき、内面化された深層の構造が外界とかかわってゆくなかでその力を発揮してゆく。そのかかわり方は全体的であって、決して分析的ではないことを特色とする。

第五に、この知は人の働きとしてある。この知は自らの具体的なかかわりを、その体験を自らの血とし肉としてゆくなかで、まず自らの人の働きを豊かにし、それでもって対象に働きかけてゆく。この意味で対象に間接的にかかわってゆくが、その影響は近代の知に比べてはるかに大きいこともある。

このように徒弟の知は、その多くに身体の深い関与があり、言語を前提とした知識とは別ものである。言語化されない知識を前提にしているからこそ、徒弟教育の諸特性が実際の伝授の過程に積極的な意味をもつのであろう。この意味で概念、言語を重視する近代の知、さらにはその種の知を積極的に身につけさせることを意図した学校教育、文法志向型教育とは根本的に異なる。なお、文法志向型教育とテキスト志向型教育（徒弟教育）との比較検討は表1に示す通りであり、その詳細な記述は拙著『知の体得―認知科学への提言』（福村出版）を参照していただきたい。

表1　テクスト志向型教育（徒弟教育）と文法志向型教育（学校教育）の比較
（野村、1989）

	テクスト志向型教育	文法志向型教育
教わる者の積極性	何よりも重要	ある程度重要
教わる者の才能	各人のもつ才能に大きく依存する	ある程度まではあまり才能に依存しない
教授伝達するもの	具体例（変型）	抽象的な法則、体系（典型）
教授の状況	具体的な状況を必要とする	抽象的な場（学校）
教授の仕方	1対1の個人教授が前提	マスプロ教育が可能
教える者と教わる者との関係	人間的なつながりが前提	必ずしもこの関係は必要ない
教える者が発揮する能力	具体的に実演しうることが前提	必ずしもそうでない
教える者と教わる者との能力差	絶対的な開きを前提	必ずしもそうでない
教育の効率	あまりよくない	かなりよい
教授法	体系化されていない	体系化されている
教育観	教えないという教育	教える教育

2　創意工夫

徒弟教育では師匠を模倣してゆくことに積極的な意味を認める。しかし、模倣が単なる模倣のレベルに終始するかぎり、弟子が師匠を超えることは難しい。弟子が師匠から独立し、弟子固有の芸、作風さらには「わざ」を発揮するためには、あくまでも模倣以上のものを創造しなければならない。伝統的な徒弟教育では、一見すれば師匠の存在が絶対であることから弟子は模倣のレベルにとどまり、一方の学校教育は学習者の創造性を重視しているように思える。しかし、その実態は極めて複雑であり、いずれが創意工夫につながるかは定かではない。むしろいずれの教育であっても、その成否は運用にかかっている。

いま、師匠あるいは兄弟子が共同体の背後にあるより大きな世界を見せないかぎり、つまり開かれた実践共同体での学びでないかぎり、師匠と弟子の関係は硬直した状態になり、一方向的なものにとどまる。そのため、そこで弟子が創意工夫をこらすことは難しい。一般に、守りに入った実践共同体での師弟関係は硬直化し、弟子は師匠の表面的な形を真似ることに終始し、また師匠もその深層にある型を伝えようとはしない。多くの場合、伝えたくとも伝えられないというのが正直なところであろう。このような状況のなかでは、実践共同体は確実に衰退し、やがて新たな実践共同体に呑み込まれてゆく。

一方、開かれた実践共同体では、弟子自らが創造性を発揮するためのさまざまな工夫がなされる。たとえば、師匠の真剣な稽古を目にし、聴く機会が積極的に与えられたり、師匠から厳しく鍛えられている兄弟子の姿を目にすることもある。そのなかで新参者は、当初はたとえ漠然としたものであっても、それを受け入れてゆくなかで全体的なモデルを生成してゆく。そして、このようなモデルがある程度まで精緻化されたものになると、やがてこれは他の課題にも転移され、利用されてゆくようになる。徒弟教育のなかでは、たとえば「習っていない曲も演奏しました」といったこともあると言う。これなども開かれた実践共同体での転移と創意工夫の現われと見なしてよい。

創造性を生み出す素地はこの他にもある。たとえば、弟子は最初師匠の表出した結果を真似してゆくが、やがてその結果を生み出した原因を同定し、それを真似してゆくようになる。この原因の真似を可能にする解釈の努力も、また創造性を生み出す素地の一つである。原因を真似するためには、結果を生み出す手段、手続きを自ら工夫しなければならない。その工夫された手段、手続きは表に現われないことから、師匠のそれと違ったものであることも決して少なくないはずである。この違いが重要な意味をもつことから、師匠とは違った独自のものを創造してゆくことにもつながる。また、かりにおなじものであったとしても、それが自ら工夫したものである以上、もはやそれは工夫した弟子自身のものである。

あるいは、徒弟教育での習得に身体が深く関係していることもまた、弟子に創意工夫を促している原因の一つである。まず、概念化された抽象的な知識を主に取り扱う学校教育では、ものごとが繰り返し生じることを前提として体系化された知識を重要なものと見なすが、それを具体的な、生の状況下で用いてゆく機会は極めて少ない。また、理論を重視することから、理論とその実践を分離しうるものとしてとらえる。

しかし、徒弟教育では、このようなことはありえない。はじめから理論と実践の区別はなく、あるのは身体が深くかかわった具体的な実践のみである。その実践は常にある状況下でなされることから、単なる繰り返しのそれではない。しかも、その実践は自ら創意工夫した手段、手続きに基づいているため、徒弟教育でいう実践はそのたびに新しいものであることも多い（終章参照）。

ただ、弟子のすべてが創意工夫を凝らして修業するわけではない。習得したある一つのやり方をすべての場合に当てはめ、定型的に対処する人もいる。このタイプの弟子が師匠を超えて新たな世界を見いだすのは難しいように思われる。新たな世界を見いだすためには、具体的に何かを実践する際、すでに習得したやり方のみで対処するのではなく、新しい別のやり方を常に模索してゆかなければならない。新しいやり方に考えを巡らすことは、過去や現在の延長上にしかるべき結果を見いだそうとするものではない。現在を飛躍した、未だ知らない何かを生み出すために創意工夫を凝らすことである。それは未知の世界を構想することである（第6章参照）。

このためには、まず具体的な場に身を委ね、そこに深く潜入し、一体化しながらも、他方では一体化した世界を、あくまでも自らの言葉で身体で具体的に対象化してゆくことである。この一体化と対象化の繰り返しを十分に保障しているのが、言うまでもなく開かれた実践共同体での徒弟教育である。そしていま、弟子が一体化した世界を自らの言葉で対象化してゆくかぎり、そこには未知の世界を構想する働きがあると考えてよい。ここで言う未知の構想は、あくまでもいま・ここの拡がりとしての構想であり、自己が表出したものである。

未知の構想には、なによりもこころ豊かに涵養された自己が不可欠である。弟子のすべきことは、それゆえにまずさまざまな経験を通し、身体が直接実感するような生きた知識を身につけてゆくことである。たとえ抽象的な知識であるとしても、それを完全に自己の身体の一部にまで高めてゆかなければならない。その種の知識が覚自証（黒田、一九三二）的に働くようになると、それはもはや豊かな自己の表出であると言ってよい。

黒田亮は『勘の研究』で、直接自我に与えられる精神的事実が存在する場合に自証という術語を用いている。さらに、彼はこの自証を識と覚に分けている。慣用上の意識はほぼ識自証に相当するが、この意識以外にもなお自証するものがある。彼はそれを覚自証と呼んでいるが、自証しえない下（無）意識とはまったく別のものである。子どもが無心に遊んでいる状態、あるいは剣豪が何心もなく剣を振るう状態もまた覚自証的体験である。識自証は現実の客観世界に制約された体験であるが、覚自証はそれがある程度まで取捨され、一定の内面的必要に応じて加工され、変容されて、場合によっては識をある便宜的な形式において代理する性質をもっている。

いま、さまざまな体験を通して習得した知識、「わざ」を覚自証的に発揮する様子は、澤庵禅師の『不動智神妙録』（市川、一九八二）でみごとに言い表わされている。

何心もなくうち向ひ候へば

仮令一本の木に向ふて、其内の赤き葉一つを見て居れば、残りの葉は見えぬなり。葉一つに目をかけずして、一本の木に何心もなく打ち向ひ候へば、数多くの葉残らず目に見え候。葉一つに心をとられ候はば、残りの葉は見えず。一つに心を止めねば、百千の葉みな見え申し候。これを得心したる人は、即ち千手千眼の観音にて候。(市川、一九八二　頁六〇)

さまざまな経験を通して獲得した知識を用いる際、そのうちのある知識のみを明確に浮かび上がらせると、その他の知識は抑制され、構想に役立たなくなる。それはまさに「たとひ一本の木に向ふて、そのうちの赤き葉一つを見て居れば残りの葉は見えぬなり」の心境であり、必要なことは「葉一つに目をかけずして一本の木に何心もなくうち向ふ」ことである。このことを通してはじめて、身体の一部になっている知識を十分に利用することができる。この種の知識の利用こそ、黒田の言う覚自証の働きによるものである。

覚自証的体験は、十分に修練した熟達者が「わざ」に打ち込んでいる際のそれである。その体験は明確には意識されていないが、必要なら自証しうるという特性をもつ。そのため何らかの形で自己がそこに表出していると見なしてよい。

いま、未知の世界を構想してゆくためには、まずさまざまな経験を通して獲得された知識を実感としてとらえ、それを生きた、身体的な知識にすることが要求される。次に、その種の知識を何心もなく、覚自証的に用いてゆかなければならない。これがことのほか難しい。それは知識を実感としてとらえることの難しさであり、また覚自証的に見ることの難しさでもある。

それらにもまして難しいのは、絶えず未知を求め続ける心あるいは姿勢をもちつづけることであろう。誰しも求める心をもっているが、それを長期にわたってもちつづけることは至難である。逆にこの心さえあれば、知識を実感することも、また覚自証的に見てゆくことも不可能ではない。

たとえばある技を習得し、またそれに必要な道具に習熟するようになると、実践共同体のなかでの徒弟の行為、振る舞いも重層的になる。それだけでなく、習得した技とか道具が身体の一部となるなかで、やがて徒弟はそれらを何心もなく発揮するようになる。また、発揮される範囲も次第に拡大してゆく。この繰り返しのなかで、かつては想像だにしなかった形で道具を用い、あるいは技を発揮することもあるに違いない。

徒弟教育はあえて「教えない」ことを通して、従来とは違った形で技あるいは道具を用いさせることで、逆に「求める心」のもつ意味を教え、さらにはそれを弟子のうちに日々に生成させているのであろう。このように徒弟教育は「求める心」をことのほか重視するが、このことは徒弟教育にかぎらず、あらゆる教育にも当てはまる。

第4章　学校教育

I　二元論と教育

1　知識と技能

人は人の社会に生まれてはじめて人になりうる。生後まもない新生児はひとりで移動することはできないが、もって生まれた優れた感覚器官で、生まれ落ちた環境を能動的に確実に自分のものにしてゆく。その際、母親もまたさまざまな刺激を積極的に与え、子どもの能力を引き出そうとする。母親の行為は「教育」と呼ぶに十分値するものであり、見方を変えればそれはすでに子どもが胎内にいるときから始まっていると言ってよい。胎教がこれに相当する。誕生後は母親に加えて、父親、家族がかかわり、家庭教育が成立してゆく。やがて子どもたちが学校教育に組み込まれてゆくなかで、教育に占める学校の比重が急速に増す。

いずれの国であっても、何らかの形で学校教育が実施されているが、開発途上国ではごく少数の支配者階層の人たちを除いて、大多数の人びとの教育期間は極めて短いのが実情である。ほとんどが義務教育程度であり、それさえ満足に受けられない子どもも決して少なくない。これに対して先進国では、ある程度の教育を受けることが生きてゆくための必要条件になっている面もある。人びとの教育水準の高さが先進国の社会システムを維持しているからであろう。開発途上国、先進国のいずれの場合も、教育はその社会状況にふさわしい形で実施されてゆく。

社会のあり方と分かちがたく結びついた学校教育は、それゆえに社会状況の変化と無関係ではありえない。昨今、わが国の学校教育の現場が抱える問題はそのまま社会の抱える問題の現われでもある。社会のあり方を効率よく運用するためには、個々人の能力、力量を的確に把握し、かつそれを効率よく用いなければならない。このためにはそれらを客観的にとらえておくことは不可欠である。その手だてが試験制度であり、現在では社会の隅々にまでゆきわたっている。

なかでも、学校教育の現場では教育と試験は不可分であり、さらにはその成績によって将来への進路が当人の意思、思惑を超えて決定されてゆく。もちろん例外はあるが、大勢はそうであろう。この傾向が進行するなかで、教育を近未来的な、具体的な目的の手段にするがゆえに、教育そのものが矮小化され、本来の意味をもちえなくなっている。このことが社会の存立基盤を揺り動かしはじめているように思われる。もちろん、学校教育のもつ役割を決して過小に評価すべきではない。進歩、発展、効率といった観点からすれば、この教育はむしろ積極的に評価されてしかるべきものである。

ところで、先進国あるいは開発途上国のいずれの学校教育であっても、学校教育であるかぎり、知識を実体としてとらえる知識観のうえになりたっている。この知識観の根底には、精神と身体を互いに独立した実体と見なすデカルトの物心（心身）二元論がある。さらに、この二元論は知識と技能といった区分にもつながる。

たとえば、何かを行なうといった身体行為は、まずある適切な命題が頭のなかに表象され、次にそれを身体の上で実行するという二つのことから成り立つと考えられている。前者が知識であり、後者が技能である。しかし、これらが対等に扱われたわけではなく、事実にかかわる知識は言語化される知識であり記述化されるもの、という基準のなかで、技能は二次的なものとして取り扱われてきたのである（生田、一九九五）。

その後ライル（一九四九）は、行為をすなわち心のありようと見なし、知識を knowing that（事実知、知識）と knowing how（方法知、技能）とに二分している。これによって後者の技能もまた、知識の一形態として認知されたのである。ここに宣言的知識と手続き的知識の区分が成立したが、この場合もthatを教えることとhowを教えることとは別ものである、といった教育方法が支配的になったこともあり、未だに二元論は克服されてはいない。

要素の結合といった連合主義、さらには行動主義に代わって、六〇年代になると、情報処理の枠組みに依拠した認知心理学が盛んになり、心のモデルが数多く提唱された。これらのモデルの多くは、結果として表象主義的な考えを助長し、このことが知識の二元論的なとらえ方をいっそう進めている。

たとえば認知科学、なかでもコンピューターサイエンスの発展のなかで、主流の計算機主義者たちは、宣言的知識を「〇〇は××である」として、また手続き的知識を「〇〇のときは××せよ」として、それぞれ規則の形で表現することから、宣言的知識はいうまでもなく手続き的知識さえも記号で表現されるものとしてとらえている。

現在の学校教育は、基本的には表象主義、個体能力主義、さらにはコンピューターサイエンスを生みだした近代の科学思想の実践としてある。そのためであろう、学校教育はいまなお知識と技能、知育と体育といった二元論を引きずり、しかも概念的知識、記述化される知識に重点をおいて教育を押し進めている。

実際の教育の過程では二分法も必要であり、区分することが必ずしも不当というものではない。その場合でも、双方の統合がなされなければならないが、現実には言語を中心とする知識にとどまっている。そのため自らの身体の一部にまで高められている知識は少なく、知識を実感としてとらえることが難しいことから、われわれは確実に知識から疎外されてゆく。

それだけでなく、言語を中心とする知識体系を身につけてゆくなかで、われわれは確実に言語化しえない世界を切り捨ててきたようである。あるいは逆に、本来言語化しえないものでさえあえて言語で表現し、それを知識として評価してきたことから、結果としてわれわれはものごとを歪んだ形でとらえていることも少なくない。言語化しえない生の世界をそのままに伝え、あるいはそのままを学ぶといったことも大切ではないかと思われる。

いま、言語化してゆくことの重要性を十分に認めるとしても、なお言葉では伝えられない真実もあるのではないか。『荘子』の「古人の糟粕已なる夫」の説話は、このことを端的に物語っている。

古人の糟粕已なる夫

斉の桓公が、あるとき表座敷で書見をしていた。座敷の下の地面では、名を扁とよぶ車大工が車輪を作っていた。扁は椎と鑿をかたわらに置くと、座敷にあがって桓公をたずねた。

――おたずねしますが、殿さまの読んでおられるのはだれの言葉ですか。

――聖人の言葉だ。

――聖人はいまも生きていますか。

――死んでしまった。

――それなら殿さまの読んでおられるのは、まったく古人の糟粕ですよ。

桓公はむっとしていった。

――わしが書見をしているのに、車大工ふぜいが何を口だしするのだ。申し開きができればよし、さもなければ一命はないぞ。

扁はおちついて答えた。

――わたくしは車大工ですから車輪作りで考えてみましょう。車輪を作るのに木の削りかたがゆっくりであると、嵌めこみは「甘」すなわちゆるすぎて、きっちりゆかず、削りかたが早いと、嵌めこみは「苦」すなわち窮屈でうまく入りません。ゆっくりでもなく早くもないという、その微妙な秘訣は、ただただ手ごたえでとらえ、心にうなずくだけです。言葉では説明することのできないコツというものがそこにあるのです。そのコツは自分の子供に教えることはできず、自分の子供もまたわたくしから受けつぐことはできません。かくて七十のこの年まで、年老いてなおわたくしは車輪を作っているのです。わたくしのこの車輪作りの体験から申しましても、いにしえの聖人は、その伝えることのできない体験的な真理とともに、すでにこの世を去っています。殿さまの読んでおられるのがまったく古人の糟粕だとわたくしの申し上げたのは、このようなわけからだったのです。(『荘子』天道篇、福永光司、一九六六　頁二六七—二六九)

2　言語から身体へ

近代社会では、言語化された抽象的な知識が重視されている。少なくとも、そのような知識を多くもっていることに価値がおかれている。偏差値の高い云々は、結局この種の知識を多く保有しているにすぎないのではないか。高校あるいは大学を問わず、入試で問われているほとんどがこの知識の類であり、またその量である。もっとも、試験とは古来よりこういったものであり、たとえば中国の有名な科挙がそうである。いずれも「古人の糟粕」を問うたにすぎない。

としても、その種のものを獲得してゆくなかで、言語で表現しえない何かを、したがって試験で問うことのできない何か重要なことを身につけていることは十分にありうるはずである。残念ながらそれを直接取り出すことはできないが、古の聖人がそれを身につけていたことは否定しえないであろう。

言語化しえない何か重要なことを実体としてとらえることも、また関係としてとらえることもできる。いま実体としてとらえる立場からすれば、言語化しえない重要なことは個体に張りついたものとして、それ自体独立に存在することになる。ただ、それを言語化して表出しえないだけのことである。一方、関係としてとらえる立場では、言語化しえない重要なことはかかわりのなかでそのつど構成されることになる。この構成は動的な過程としてあり、長期にわたる経験を介して獲得された処理の手続き的なものによると考えてよい。それは認知心理学でいう深層の情報処理機構の働きによるものであろう。

深層の情報処理機構とは、知識と技能とに区分される以前の処理を司るものである。その機構を介してわれわれが身につけるものは、技能でもなければ知識でもない。それはレイブとウェンガー（一九九一）の言う知性的技能に近いものであろう（第2章参照）。ある知性的技能を知識と技能に分化し、前者を概念化したものが「古人の糟粕」であり、試験で問われるものである。これは深層の情報処理機構に対する資料情報（戸田、一九八〇）でもあろう。この区分からすれば、言語で表現されるものはすべて資料情報であり、明確に意識される知識はすべてこの種の情報である。手続き的知識でさえ、それがいったん言語で表現されると、それは資料情報となり、もはやここで言う知性的技能ではないことになる。

教育の最終的な目的は、学校教育あるいは徒弟教育のいずれであっても、知性的技能を身につけさせることである。ところが、知性的技能がいかに重要であるとしても、われわれは直接それを頭のなかに入れることはできない。学校教育はできないことを前提にしているからこそ、資料情報を獲得させるなかで知性的技能を身につけさせてゆこうとする。一方の徒弟教育からすれば、知性的技能を身につけてゆくために、なによりもまず学びの場のもつ雰囲気、ものの見方などを教え、その後で資料情報を教えてゆく。

いずれの教育が望ましいか、軽々に判断することはできないが、近代社会は言語化しえない知性的技能を必ずしも高く評価しているわけではない。また、学校教育でなされる試験が深層の知性的技能を測定しているという保証もまったくない。この意味からしても、昨今の学校教育は資料情報の獲得に重点を置いているように思われる。

ただ、どのようなやり方で資料情報を獲得しても、またたとえ程度に違いがあるにしても、われわれは知性的技能を身につけてゆくことができる。重要なことは、資料情報を獲得する過程でどれほどの知性的技能を身につけられるか、その歩留りの高さであろう。としても、入試で問われるような知識をいかに多く獲得したとしても、残念ながら高い歩留りは期待しえないようである。

3　選択能力を育てる

教育の使命は、百科事典を買うことのできない人のために、そこに記載されているような資料情報を与えることではない。ましてやその時代に役立つ官吏を養成することでもない。教育は、たとえレベルに差があるにしても、子どもたちが生きてゆくに必要な「何か」を学び、かつ身につけるための支援システムでなければならない。教育を受けることによって自らが変わりうるということが、少なくともその潜在的可能性を身につけることが、なによりも大切である。このためには固有の場での双方向的な関係のなかで学ぶことが不可欠であり、これが教育の根源である。

ところが、現実にはその種のかかわりから切り離されたところで教育が行なわれるがゆえに、抽象的な知識のみがことさら重視される。また、自然科学的なものの見方が広くゆきわたっている近代社会では、その種の知識から生み出された科学技術の恩恵を計り知れないほど受けていることから、われわれは抽象的な知識を具体的な知識よりも必然的に高く評価しがちである。さらに、抽象的な知識は具体的なかかわりを必要としないことから、知識そのものがひとりでに増えてゆく傾向がある。現に、知識はより細分化され、自己増殖している。

それだけでなく、その種の知識をより多くもっていること自体が高く評価されることから、人びとはそれを積極的に求めている。やがてその種の知識を保有する人と、それを保有しない人との差それ自体が一つの意味をもつようになる。そしてその差がいま一つの情報として機能するなかで、人びとは情報にしばられている。

近代社会の存立基盤が情報であることから、昨今では情報あるいは情報処理という言葉があらゆる分野で用いられている。教育の現場とてその例外ではない。一般に情報と言えば「実情についての知らせ」であるが、より専門的には「情報の曖昧さの程度を表わす」

場合と「曖昧さを解いて得られる知識」という場合があり、情報理論では後者を示すことが多い。この場合の情報量はビット数で表わされ、ビット数が大きい事態ほど情報を受け取ることが難しく、逆にそれを受け取った場合に手にすることのできる情報量は多くなる。ある情報値がその事象の驚愕値と呼ばれるゆえんである。

いずれにせよ情報理論からすれば、多くの情報を手元に置いているものは潜在的に情報の送り手になりうる。必要に応じて情報の送り手―受け手の関係が成立し、後者がその情報を獲得することで、次には、彼がその種の情報をもたない人に対して情報の送り手になりうる。このように送り手―受け手間の差、つまり勾配があるかぎり、情報は情報として伝達されてゆく。

ただ、勾配はそれ自体独立にあるものではない。送り手―受け手という関係があってはじめて成立する。しかも、その勾配が関係で決定されるという意味からすれば、それはあくまでも相対的なものである。相対的である以上、たとえ情報がどのようなものであっても、その勾配に応じて一方から他方へ流れる。また相対的であることから、その基準の取り方次第では、勾配のなかにさらに勾配を求めてゆくことにもなる。その結果、差は差を呼び、基準の相対化がますます加速されてゆく。

これに加えて、人間の旺盛な好奇心のために、たとえ勾配がなくなったとしても、送り手および受け手の双方がまた別の勾配を求めてゆくことも珍しくない。情報化社会では、好奇心とか求める心次第で、潜在的にはどのようなものであっても、そこに勾配を生み出し、情報としうる。だからこそ情報は加速的に増大してゆくのであろう。

情報の流れは本来かかわりのなかにあり、客観的な価値とは無関係であったはずのものが、いつのまにかそれ自体が有用な情報と無用な情報とに区別されている。しかも、その区別を受け手が独自に判断するのではなく、送り手がまえもって勝手に有用か無用かを決定し、それを受け手の意図とは無関係に一方的に与えていることが多い。これが教育現場における注入主義であり、その過程に受け手の意図、判断が関与しないがゆえに、送り手の意図でその種の情報が加速的に増大する。ここに過剰教育の生まれる背景があり、最近では特にその傾向がいちじるしいようである。

いま、子どもたちに過剰とも思われる情報が、彼らの意図とは無関係に与えつづけられると、それらを自分の能力で積極的に処理し、対処しうるうちはまだよい。しかしその範囲を超えると、自らの能力で処理してゆくことも、また選択してゆくこともできなくなる。選択しえない状況に追い込まれると、彼らは最初のうちはそれを受動的に取り入れようとすることから、ますます選択能力を養うことができなくなる。最終的には、情報のすべてを拒絶するといった事態にもなりかねない。

しかし、いったん情報を拒否する態度を示せば、当然彼らは厳しい社会的圧力に晒される。この圧力に堪えかねて、たとえば暴力に訴えたり、不登校といった状態に陥ったりすることも決して珍しくない。この種のことはなにも子どもに限られたことではなく、われわれ大人においても、自らの処理能力以上の情報を過剰に与えつづけられるなかで、徐々に情報から疎外され、何らかの不適応な行動を引き起こしている。

いま、この疎外を克服し、また適応を促すために、われわれの社会は与えるべき情報を見直し、減少させるのではなく、むしろより多くの情報を与えることでそれを解決しようとしている。教授者は学習者のために課題を分析し、また重要度を踏まえて覚えるべきことをまえもって選択し、それらを体系化したものを「これでもか」「これでもか」といった形で学習者に与えつづけてゆく。子どもも大人も過剰教育の真っ只中にいる。

赤線を引く

ここ数年大学入試の厳しさはやわらいだようですが、いまなお受験生およびその家族の負担は心理的にも、経済的にもかなりのものでしょう。一方、大学は生き残りをかけて少しでも優秀な学生の確保に必死です。そのあいだにあって受験競争を煽りたてているのが塾、予備校の類の受験産業です。

塾および予備校の教師たちは受講生の評価を気にしながら、さまざまな工夫を凝らした教材を開発しています。また、その種のテキストが受験参考書として売り出されています。その多くが何色もの色刷りで、重要なものから順に一目でわかるようになっています。三〇年近くまえに使用された受験参考書とは大きな違いです。それらを見て、当時ラジオ講座のテキストの読者の投稿欄に「母親がラジオ講座を聞き、妹が赤線を引き、そして私が夜食のラーメンを作る」といったものがあったことを思い出しました。われわれの受験のころもそれなりに競争はありましたが、受験勉強の際には重要と思われるところに自らの判断で鉛筆で赤線を引いたものでした。この投稿はそれを茶化したもので、何故かすごく印象に残っています。

重要なことは自らが判断し、出題を予測し、あるいは重要項目を積極的に選択することです。赤線はしょせんその結果でしかないのです。しかし、受験生の学習効率を考え、教えるものが重要性を決定し、あるいは出題傾向を予想し、受験生がそれらを疑うことなく受動的に取り入れていますと、なるほどその種の知識を問う大学入試には役立つとしても、自ら選択し、判断するという能力を養うことはできません。先ほどの歩留り云々からすれば、入試には高いとしても、教育の、学習の本質からすれば低いと言わなければなりません。（野村、未発表）

必要なことは自らが情報を選択し、自らが情報を生成してゆくことである。情報はそれ自体独自にあるものではなく、われわれが具体的なかかわりのなかでそのつど生成しているものである。このためには時間もかかり、また決して能率もよいとは言えないが、このことを通してのみ確実に選択能力を養いうる。選択を他者に任せて情報を効率よく獲得した人が、たとえ入試で偏差値の高い大学に入学したとしても、将来独創的な発想で仕事をしてゆく保障はない。特に、激動期の社会ではそうである。

激動期には、かつての秀才だけでなくこれとはまったく逆の意味での反秀才も必要であるように思われる。

反秀才

反秀才を説く柘植俊一氏によると、反秀才は鈍才を意味するのではなく、情念が理論を上まわり、回転の速さではなく強い頭脳で、仕上がるのに時間を要する人である。その反秀才は途方もない独創性を発揮するが、それには時間がかかる。咲けば大輪の花を咲かせる。ただ、効率の面では秀才には及ばず、効率が悪いという理由で、情報化社会は反秀才に冷たいのである。教育という以上、この種の反秀才を育てずして教育とは言えないように思われる。（柘植、二〇〇〇）

この種の教育を実施することは難しい。たとえば自ら選択し、情報を情報とする能力は一朝一夕には養いえないものである。しかも、この選択には自己が深くかかわっていることからしても、自己の確立が前提となる。この自己の確立には単に何かあることがらの選択だけでなく、その人の全人格的な生き方が深くかかわってゆかなければならない。

とすると、単に学校とか家庭とかいった限られた場での教育だけでなく、それらをも含めた社会全体のあり方も自己の確立に深くかかわっているはずである。広い視点からとらえた教育観、人間観が極めて重要になるが、これらにしても現実には時代精神に厳しく制約されている。そのためであろうか、その制約から抜け出しえないこともまた事実である。

ここに本当の意味での教育の難しさがある。

Ⅱ　注入主義

1　因果関係

いま、学びが具体的な状況下にあるとすると、学びの支援のあり方がまえもって規定されていては、状況の変化に即応しえないことになる。そして、教育の本来の目的が人びとの学びを支援するシステムであるならば、そのシステムは学びにあわせて柔軟に対処しうる即興性を持ち合わせたものでなければならない。

これに対して、子どもの頭のなかに「何か」を注入してゆくことが教育と考えるならば、その「何か」はまえもって規定されていなければならないことになる。しかも、それをもっとも効率よく注入することが教育の使命であるとすると、教える者は学習者の到達すべき目標を提示し、それへの手順を積極的に示してゆかなければならない。学習者の方もまた、それを当然のこととして受け入れてゆくことが求められる。

この教育のもとでは、教師はまえもって体系化された学習プログラムに基づいて、学習者のいまの力量を正確に把握し、彼（彼女）が到達すべき次のステップを目標として提示してゆく。この目標は学習者のいまの学力の延長上にあることから、教える者はその目標を結果として、またそれを生み出す操作可能な原因を、学習者のいまの状態のなかに見いだそうとする。因果連関的に教育過程をとらえてゆくことから、どうしても結果である目標をもたらす原因、つまり学習者のいまの状態が操作の対象として浮かび上がってくる。

因果連関的な把握はものごとを直線的時間の流れのなかでとらえることであり、過去の延長上に現在を、そして現在の延長上に未来を描くことである。この場合、現在は過去に、また未来は現在にそれぞれ厳しく制約されることになり、そのため必然的に過去志向的にならざるをえない。

因果連関的な考えのもとでは、教えられる者が自らの世界を積極的に切り開く余地は少なく、教える者によって切り取られた世界を、教えられる者が受動的に受け入れることになる。もちろん、その過程で積極的に学ぶべきものもあり、そのことが重要な意味をもつこともあるには違いない。しかし、この種の教え—教わる枠のなかにとどまるかぎり、教わる者はその枠を受動的に受け入れざるをえないのではないか。

さらにまた、教える者と教わる者とのあいだの勾配それ自体が独立して存在するものと見なすと、教える者と教わる者との差は極めて重要になってくる。現に、その差は公教育制度によって保障されている。最近、顕著にみられる管理教育的な発想はこの現われであり、そのなかにあって逃れられないのは教える者、教わる者とて同様であろう。近代社会にあって管理教育を克服することは極めて難しい。と言うのも、そのほとんどが教える者、教わる者の個人的な努力ではどうにもならないからである。

いま、その個人の限界を補償するものがあるとすると、それは言うまでもなく社会全体にわたる価値観、ものの見方などの大幅な変革であろう。しかし、これとて最終的には個々の人の働きということになる。われわれのすべきことは、自らの存在そのものがかかわりのなかにあることをまず自覚し、そのかかわりのなかに身を委ねつづけることである。そのなかで自らの潜在的可能性を追求し、それを何らかの形にして表出してゆくことが、ものの見方の変革につながるのであろう。そして、その繰り返しのなかで、やがて管理教育を克服するような新たな発想が、手だてが生まれてくるように思われる。

かかわりのなかで教育を進めるためには、なによりもまず教える者の力量が要求される。これがあってはじめてかかわりが成立する。さらに、この力量に保障される形で教わる者の積極的な関心を引き出しうる。関心を引き出すことで、子どもたちは、たとえば自らの判断で情報を選択し、それに意味づけするようになる。また情念が理論を上まわる、強い頭脳を形成することもできる。

としても、かかわりとして教え―教わる場合、教える者の力量はそれ自体独立にあるのではなく、教わる者との具体的なかかわりのなかで、そのつど生成的に拡大されてゆくものであろう。その生成的拡大は、当初は、たとえば教科の知識を前提にしているにしても、決してそれにとどまるものではない。それらを基盤にしながらも、それらを超えた普遍的な何かを身につけた教師が、自ら人の働きを積極的に発揮する以外、その生成的拡大を可能にする手だてはないと考えるべきであろう。

2　外発的動機づけ

学校教育の主流をなす考えは、学習を知識の内化としてとらえるものであり、その知識は言語化され、記述されるものとしてある。外にある知識を個々人が内化してゆくことが、すなわち学習である。これが個体能力主義的な学習観である。これが学校という場でなされるとしても、学習は基本的には個々人のレベルで進行し、それゆえに固有の場を必ずしも必要としない。この教育が高く評価される所以は、なによりも多くの人びとに効率よく知識を伝達しうるところにあり、そのために体系化されたものである。

しかし、他方ではいくつかの重大な問題を抱えていることも否定できない。その一つは、たとえ体系化された知識を内化したとしても、その知識を具体的に運用しえないことである。いま一つは、到達すべき目標を外側に設定していることから、それへの到達が外発的な動機づけによって大きく左右されることである。

まず、知識の運用に関して言えば、たとえば内化された知識、法則の多くは、自らが具体的な事実を抽象あるいは捨象するなかで定立したものではない。その多くは第三者によって定立された法則であり、それをそのまま内化したとしても、それが具体的に運用されるという保証はない。法則の適用はことのほか難しく、それを定立する能力があってはじめて新たな事象に適用しうるが、学校教育では普通この種の能力を涵養しえないことが多い。

次に、もう一つの到達すべき目標と動機づけの関係について言えば、この教育は第三者によって体系化されたものであり、その際の到達目標もその体系のうちにある。したがって、それは自らが生成したものではなく、その多くは他者から与えられたものである。このため目標は、あくまでも学習者の外側にそれ自体として存在する。その目標が学習者に対して引く力として働くためには、学習者を押し動かす外発的な動機づけが不可欠となる。

伝統的な動機づけの理論からすれば、人間の場合とて基本的なところでは動物と何らかわらない。自らの現状と到達すべき目標との差がそれ自体として存在し、それを埋めるようにさまざまな形で動機づけられている。それらは賞罰によって動機づけられていることが多く、実際には社会的な強制であったり、到達しえないことに対する罰であったり、あるいは到達しえたことに対する報酬であったりする。

この他にも、たとえばみんなとおなじになりたいとか、友達より優れたいとか劣りたくないとかいった模倣、競争などの動機づけもある。あるいはまた、自らの目標を達成することそれ自体に動機づけられていることもあるが、この場合も、その目標が実は賞罰とか模倣とか競争とをカモフラージュしたものであることも多い。これらはいずれも自らを社会の枠組みとの関連でとらえたものであり、外発的な動機づけによって自己を社会的に価値ある存在にしているとも言える。

外発的動機づけの考えからすれば、目標の達成は学習と動機づけによるものであり、しかもその動機づけが外的なものであることから、目標の達成と学習との関係が明示化されないままに捨ておかれ、そのため学習を介してわかることやできることの意義を自らのうちに見いだしてゆくことが難しい。一方、自己の内発的な側面を重視する立場からすれば、目標の達成はひとえに自らの学びによるものであり、したがって学びの過程でわかることやできることの意味を積極的に見いだしてゆく。また、知識を獲得する喜びを味わうこともできる。

子どもたちを教育する際、外発的あるいは内発的な動機づけのいずれを重視するかは、ひとえにその時代の価値観、人間観に依っている。これは伝統、近代のいずれの社会においても共通して言えることであろう。ただ近代社会では、教育が学校を介してなされることから、どうしても外発的な動機づけがより重視されている。そのため、学習それ自体に喜びを見いだすといったことは必ずしも重視されない。また、自らのかかわりとして学習をとらえられないことから、学習を通して自己を確立してゆくといった側面が過小に評価されることは否定しえない。

そして、この側面を見過ごして教育を押し進めていると、やがて自己を確立する以前の学力、つまり言語化されたレベルの学力さえ満足に保障しえないといった事態が生じる。昨今の学力の低下はその現われの一つであろう。教育と言う以上、双方を分けて考えることと自体がそもそも問題なのである。にもかかわらず、どちらか一方のみに重点が置かれると、やがて重点が置かれていた教育それ自体にも問題が生じ、全体としてうまくゆかなくなるのであろう。

3　学力保障

学校教育は、一般的には極めて効率のよいものであるが、すべての人にそれが通用するわけではない。すでに述べたように、学校教育の現場では落ちこぼれ、落ちこぼしが現実としてあり、そのことがさまざまな問題を引き起こす原因になっている。現在、この現状を克服するためにさまざまな工夫、取り組みがなされているが、そのうちの一つが学力保障をめざした教育である。

ところが、学力保障にかかわるのは学校とは限らないようである。むしろ学校は学力保障を塾、予備校、その他の受験産業にまかせて、自らの責任を放棄しているとも言える。受験産業は現在の過剰とも思われる受験競争のなかで、子どもたちのあいだに何らかの差をつけ、序列化してゆく際に重要な役割を果たしている。そして、その先に大学の格差が、企業の格差がある。このような社会状況のなか、昨今の学校教育はもはや序列化以前の学力さえ十分に保障しえなくなり、学校本来の使命を遂行しえなくなっている。

一見すれば、学力保障と序列化教育とはまったく正反対のもののように思われるが、その教育の内実となるとほとんど差がないようである。いずれも徹底した注入主義であり、個体能力主義のそれである。教えるべきものを体系化し、それを徹底的に与えている。その内実は、学習者のつまずきの箇所を明らかにし、それを克服するための教授の体系をより一層完璧にすることである。おなじことは、レベルに差があるにしても、受験を目指した序列化教育についてもそのまま当てはまる。

学力保障が必要な子どもたちは、その種の教育を拒否したためそうなったのではないか。その結果、何らかの補償教育が必要になったと考えられる。とすると、この種の教育を徹底させることには重大な疑義があるように思われる。彼らと補償教育は本質的には相いれないのではないか。

最近では、学力保障のための教育あるいは序列化教育のいずれにおいても、それらの教授過程に認知心理学者、認知科学者が積極的に関与している。彼（彼女）らは知識の内化の過程を詳細に分析し、それをモデルとして提示し、そのモデルを跡付ける形で教授過程に言及している。

それだけでなく昨今では、コンピューターに支援された教授法が注目されている。それがCAE（Computer-Aided Education）である。この種の補償教育を押し進めれば、その過程にコンピューターが介入することもまた当然の帰結であろうが、問題はこのことの是非であり、はたして学力保障のための教育を推進する本当の力になりうるか否かである。

この種の教育によってつまずきが解消され、学習への意欲が高められることも事実であろう。このことは教育を進めてゆく際には極めて重要であり、その重要性を誰も否定しえないが、動機づけとも関連して解決しておかなければならない問題はいくつかある。

第一に、子どもたちは自ら進んで補償教育を受けるだろうか。補償教育を必要とする子どもたちは、一方向的な学校教育に適応できず、学校とは違った学びの場を求めていると思われる。また、彼らは生活とは切り離された抽象的な知識の獲得に意味を見いだしえないのではないか。とすると、学校教育の延長上にある補償教育が子どもたちにとって意味深いものになるとは思われない。あえて補償教育を押し進める際には、何らかの強制が不可欠であろう。多くの場合は罰であったり、あるいは報酬であったりする。しかも、この教育のなかで実際に与えられる賞罰は、通常学校教育で行なわれているそれよりもはるかに強力なものでなければ機能しないはずである。

いま、この種の賞罰を強くすることがしかるべき教育効果をもたらすならば、またそれを通して獲得されたものが自己を確立するだけの糧となるならば、それを積極的に受け入れることにもそれなりに意味がある。しかし、補償教育を受ける子どもたちは、ある意味でこの種の教育状況を、またその内実を忌み嫌うからこそ落ちこぼれたのではないか。とすると、そのような子どもたちにより強力な賞罰を与えつづけることはいかがなものであろうか。

第二に、このような形で学力を保障する教育を押し進めることは、教育が人の働きであるといった簡単な、しかし極めて重要なことを否定することにもつながる。いま、子どもがコンピューターの前に座り、ひとり黙々と教育を受けている姿を想像してほしい。遊び感覚で学習が進展することもあるに違いない。また、子どもが機械の奥にあるものごとのしかるべき姿を、本質を感じ取ることができるのであれば、この種の教育もそれなりに意味がある。しかし、それを感じ取るだけの力量を持ち合わせている子どもは極めて少ないのではないか。だからこそ教育現場でさまざまな問題が生じているのであろう。

この辺りのことを十分に配慮して教育を押し進めないかぎり、多くの場合が単に情報を与えるだけに終わるに違いない。この種の教育では情報が伝達できさえすればそれでよいのではあろうが、この種の教育を受けつづけていると、やがて彼らはその種の情報さえ満足に身につけることができなくなる可能性もある。教育を通して得たものを自らの血とし、肉とする姿勢が、つまり自己を確立してゆく姿勢がそこからは生まれてこないからである。教育にかかわるものにとって必要なことは、どこまでを分析し、それを言語に置き換えてゆくか、あるいは逆に言語化しえない部分をそのまま残して、いかに伝えてゆくか、その判断を的確にしてゆくことである。そのためには学校教育の限界を十分に踏まえて、それを克服してゆく手だてを自らの人の働きを介して表出してゆく必要がある。

教育設備の改善を超えて

子どもの授業参観で年に一回ほど小学校を訪れましたが、長女のそれにはじめて参加した際、学校の設備の立派なことには驚かされました。各教室にはテレビがあり、その他さまざまな教育機器が設置されています。さすがに冷房はありませんが、冬になると暖房も入るそうです。中学校になればパソコンまであり、簡単なCAEを実施しているところもあるようです。これに比べて昭和二〇年代から三〇年代にかけて小学校に通った自分のころを思い出しますと、教育機器はおろか、暖房さえありませんでした。その上に窓ガラスが割れていたりして随分寒い思いをしたものでした。もちろん家庭の環境と大して差がなかったからこそ、それに耐えられたのでしょう。給食にしてもそうです。コッペパン、もやしの入ったスープ、そして脱脂粉乳のミルクがとてもご馳走に思われたものです。

私は単に過去を懐かしく思っているわけではないのです。日本が経済的に豊かになるにつれて校舎、教室、教育機器などの設備が随分改善されたにもかかわらず、また就学年数が相当長くなったにもかかわらず、一方では教育の荒廃がかなりの速度で進んでいます。簡単な分数の掛け算が、読み書きが満足にできない中学生もいるようです。なかにはアルファベットから教える高等学校もあるそうです。投入された多額の教育予算は一体どうなったのでしょうか。どのような教育効果をもたらしたのでしょうか。教育設備がよくなれば教育がうまくゆくというものではないようです。にもかかわらず、未だにその種の発想しかないというのは問題です。いまいちど教育が人と人とのかかわりであり、人の働きに依存したものであることを思い起こすべきです。そしてそれに基づいた教育実践が要求されます。（野村、未発表）

学力保障を必要とする子どもたちへの教育にこそ、人の働きが深く関与しなければならないのではないか。もちろん、そこにしかるべき教授体系が積極的に加わることはいうまでもない。その体系をもたない精神主義も、またさまざまな問題を引き起こすだけであろう。教育における人の働きは双方向的なかかわりのなかで発揮されるものであり、即興的なものであろう。それは豊かに涵養されたその人の表出としてある。

具体的には、課題のいかんにかかわらず体系化された知識をもっていることは必須の条件である。その知識は自ら生成したもの、あるいは知識として取り入れたもののいずれであっても、自らの身体の一部になっているようなものでなければならない。このような知識を背景にしながら、教え―教わるものの動的な関係のなかで即興的に立ち現われるのが、すなわち人の働きの実践である。

いま、教育に人の働きが発揮されると、単に教える者から教わる者へと教授すべき内容の情報が移動するだけではない。その情報を取り巻く世界が共有され、それを学ぶ意味あるいは喜びといったものが、教える者と教わる者とが一体化したかかわりのなかで共有されてゆく。そして、それがそれぞれに分化し対象化されてゆくなかで、情報が情報として伝達されてゆくことになる。それはもはや情報の伝達云々以上のものであり、情報の創造と言ってもよいほどのものであろう。そして、この人の働きをもっとも強調した教育が、すでに言及した徒弟教育である。さらには正統的周辺参加の考えである。

第5章　徒弟教育からみた学校

Ⅰ　学校教育に何を求めるのか

1　教育を論じて

受験を中核に据えた昨今の学校教育のあり方が、教育本来の姿を歪めている。誰もがこの現状をこのまま放置してよいと考えているわけではない。学校を問い直す気運は十分にあり、現にさまざまな改革がなされている。しかし、受験のあり方に一石を投じたと思われる内申書の重視も、あるいは推薦入試の導入も、決して受験競争を緩和したわけではない。むしろ競争が学校内に持ち込まれ、学校側が子どもたちを管理する手段になった可能性も否定しえない。さらには、子どもたち自らが自らを管理するといった新たな側面さえも生み出している。

いずれにしても、自らをも含めて社会が偏差値を尺度として、高等学校や大学をランクづけするかぎり、この競争がなくなるとは到底思われない。それだけでなく、偏差値的なものの見方が広くゆきわたったせいか、必ずしも高等教育を望まない子どもたちさえ、この尺度に取り込まれ、厳しくランクづけられている。偏差値の低い高等学校が抱えるさまざまな問題の背景には、このことがあると言ってよい。

もちろん、いつの時代であっても競争は避けられない。ただ、それに参加する人たちが極めて少なかった時代では、大した社会問題にまで発展しなかっただけである。しかし、子どもたちの半数近くが大学に進学する現在にあっては、単に大学を卒業しているか否かではなく、どの大学を卒業したかが、さらにはそこで何を身につけたかが以前にもまして重視されている。この意味で量の増加が質を変えたのである。

このような状況下にあって、いま学校教育の問い直しを学校内にのみ限定して考えるのであれば、大した成果は期待しえないだろう。現在の学校教育のあり方を問い直すことは、そのような状況を作り出している社会のあり方、価値観そのものを根底から問い直してゆくことであり、われわれの生き方そのものを問題にしてゆくことでもある。その問い直しがわれわれ一人ひとりの生き方を変革するまでにならないかぎり、教育の抜本的な改革には結びつかないように思われる。

学校を問い直す試みは、時代を超えてさまざまな形で絶えずなされてきている。なかでも、イヴァン・イリイチの学校批判は傾聴に値するように思われる。彼はその著『脱学校の社会』(一九七〇、一九七一)のなかで、学習や教育を回復するための制度の根本的な再編成を求めている。彼によれば、教育や学校では目的と手段の取り違えが生じ、生きた知恵と形骸化された知識の落差が大きい。そのためであろう、学校ではただ進級することと積極的に能力を身につけることを取り違え、人間的価値を制度化している。

彼の主張する「脱学校の社会」は社会から「学校」を無くすことではなく、「社会の脱学校化をはかること」を意味している。問題なのは「学校化された社会」である。彼は、段階的に消費量を増やしながら上級へ進級するこの義務制の学校制度が、現在の管理された消費者社会とそのエートスを再生産していると厳しく指摘する。それゆえに彼の主張は単に学校批判にとどまるものではない。現代文明に対する批判の一環として学校を取り上げている点にこそ、その特徴がある。

いつの時代においても教育は論議の恰好の対象となるが、問題はその論じ方である。どこに視点を据えて、どのような立場から教育の本質を論じるかである。論議の視点という意味からすれば、次の仏教説話は実に興味深い。現在の論議のあり方に対する痛切な批判として読み取ることもできる。

仏教説話

怨賊に殺されようとした人が必死に逃げだして行ったときに、さきの方に河があるのに出遇った。彼はこの河を渡る方法を懸命に考えながら走る。着物をきたままで河にとびこんだら溺れてしまうだろう。着物を脱いだら、そのひまに賊に追いつかれるだろう。それだけを考えながら彼は走りに走る。

この話の面白さは、着物をきたままでとびこんだら溺れるし、脱いでいるひまに賊が迫ってくる、という分別が解決されぬままに放り出してあるところにある。それは千年考え続けても解決などつくわけではない。その二つの対立こそが分別であり、思惟なのだから、どんなに考えても対立はとけはしない。分別は分別を生み、概念は概念をひいて、混乱するだけである。その対立が消えるのは、人がいよいよ川岸に追いこまれて、考えているひまもなしに水にとびこんだときである。解決したのではない。消えただけなのである。（梶山、一九八三　頁一一三）

現在、学校教育の荒廃が進むにしたがって論議も盛んである。私には、そのほとんどが水にとびこむ以前のそれであるように思われる。分別は分別を生み、概念は概念をひいて、ただ混乱するだけである。それは見方を変えれば、水にとびこんだ子どもを河岸から冷たく眺めているにすぎないようにも思われる。

たとえば、かつて私が出席した教育に関するシンポジウムで、教育学の教授が現在の教育のあり方を厳しく批判したことがある。その主旨に賛同しえなかったのであろう、ある出席者が「批判のあとにくる具体的な方策を貴方自身はどのように考えておられるのですか」と尋ねたところ、それに対して「批判することが重要であり、具体的な方策はない。自らが見いだすべきである」といった主旨のことを述べられたように覚えている。

私の推測でしかないが、質問者は決して一般化しうるような方策を求めたのではなかったように思われる。教育学者である彼自身の人の働きとしての見解を求めたのであろう。なかでも、昨今の教育現場の抱える問題に対する教育学者の距離のとり方を見極めたかったに違いない。しかし、それに対する納得ゆく返答は残念ながら得られなかった。少なくとも私にはそのように思われた。私の誤解があるかもしれないが、教育学者としては主流の位置を占める彼の思想的立場からすれば、学校教育にはなんら期待しえないということになるらしい。そのため具体的な方策を示されなかったのであろうか。

しかし、現実に問題を抱えている当事者には具体的な何かが必要である。それゆえにいま、学校教育が抱えているさまざまな問題を論じてゆく際、必要なことは仏教説話のたとえのように、考えているひまもなしに水にとびこんだ、まさにその場での論議であろう。それは溺れる者に手を差し延べながらの論議である。それでは手遅れという人もいるだろうが、それ以前の論議は分別をもてあそぶだけのものになりかねない。われわれは賊から逃げながら着物を脱ぐことはできないのである。だからと言って別々にできるわけでもない。これは生きているかぎり決して避けることのできない宿命なのであろう。

いま、論議が「学校」か「脱学校」といったレベルに限定されたところでなされたとしても、結局解決の糸口を見いだすことはできないように思われる。あくまでも自らの生きることと深く結びついた論議でなければならない。そうでなければしょせん論議は論議を呼ぶだけで、水にとびこんだものをいたずらに混乱させるだけである。教育に関する議論は常に分別を超えたところで、当時者の生きることをかけた本音のところでなされなければならない。それは当事者をも直接巻き込んで教育のあり方を語ることであり、親さらには教師の生きることそのものを問い直してゆくことでもある。

この種の問いかけは、しかしながら決して目新しいことではない。いつの時代にあっても何らかの形でなされていたようである。たとえば、優れた陶芸家であった故・加藤唐九郎の幼少期においてもそうであったらしい。彼はその自伝『土と炎の迷路』において自らの小学生の頃を回想し、学校教育について一つの見識を示している。その見識は昨今の学校批判とはまた違った意味あいであるが、学校の本質をみごとについているように思われて、実に興味深いものである。

学校教育は人間をだめにする

母親は、前にも書いたように、実家が、農業をやっていたが何かにつけて「子曰ク」といった感じの堅いうちで、一族からは、学問で身を立てた者が何人も出ている。だから、おそらく母は私を学校へやりたがっただろうと思う。

だが、祖母は、私が学校へ行くのを嫌った。

「学校なんかへ行って、誰もが同じことをやるような教育を受けたら、せっかくの、やきものの腕が鈍ってしまう」

と言うのだ。

率直に言って、「学校教育は人間をだめにする」という、この無学な祖母の言葉に、私は今以て同感なのである。

こういう言い方は、あるいは誤解をまねくかもしれない。現に十分な学校教育を受けてなおかつ優秀な人はたくさんある。しかしそういう人は、もともと立派な人で、ああいうものに毒されないだけの基本を生得もっているからに違いない。そういう自信のない人は、大学までも行くなどという危険は、あえて犯さないことだと思う。（加藤、一九八二　頁一二二―一二三）

加藤唐九郎はかつて「永仁の壺」といった贋作事件に関係したこともあり、彼を過小に評価する人もいる。しかし私には、この事件は彼のやきものの腕がいかに優れたものであったか、その証のように思われて仕方ない。事実、彼は日本を代表する陶工の一人であり、紛れもなく才人であった。

それにしても加藤唐九郎の主張は、学校の果たしている役割を正確に見極めている。同様の指摘は、たとえば経営者のあいだにもあり、「大学にさえ行っていなかったら、その才能を発揮できたものを。大学に行ったために才能がまったくといっていいほど、つぶされているのだから。学校よ、余計なことをしてくれたな」とまで言い切る人もいる。

もちろんこれには多少の誇張があり、必ずしも額面どおりには受け取れない面もある。しかし、大学をめざした昨今の受験体制を見ていると、あるいはいったん大学の実情を内部から見てしまうと、あながちでたらめとはいえないところもあるように思われる。それだけでなく、大学教育が才能をつぶす可能性はさまざまなところから指摘されている。いずれにしても大学教育の本質が問われていることには違いない。

確かに、たとえば加藤唐九郎が言うように、「学校教育に毒されないだけの基本を生得もっているに違いない」とまで言い切れる人たち、あるいはそれに準ずる人たちには、大学教育などといったものは本来無用なものであるかもしれない。しかし、大した才能にもめぐまれない大多数の人たちが大学を卒業することによって、なんとか現実の社会で生きてゆく術を手にするところに、現在の大学の存在価値があるとも言える。そして、それを保障しているのが制度としての大学であろう。

それだけでなく、加藤唐九郎のような「やきものの腕」をもった人はごく少数であってはじめて存在価値がある、といった皮肉な見方もできる。現在の社会には、その種の人を底辺で支える大多数の人たち（消費者）の存在が必要なのである。大多数の彼らが現在の社会で生き残るためには、彼らの個性が学校教育のなかでつぶされていなければならないのではないか。これは少々冷たい見方ではあろうが、学校の消極的な存在理由がここにあるように思われる。もちろんそれが存在理由のすべてではないにしても、完全には否定しえない面もあろう。

2　ほんとの人間

われわれのすべきことは脱学校云々の論議ではなく、一体学校で「何を」「どのように」教育するのか、その教育の内実を問うことである。この問いに答えることは極めて難しい。それは当然社会のあり方によっても、また人の価値観によっても違うからである。しかも、それは固定したものではなく絶えず変化するものとしてある。にもかかわらず、何を教育するのか、その論議を避けて通ることはできないように思われる。

いま、「何を」を近未来の目的に合わせて論じるかぎり、「どのように」もまたそれに引きずられ、結局教育を目的のための手段としてしかとらえられなくなる。教育における明確な目的―手段の関係は受験校のそれに見られる。そして、この関係が教育の本質的な部分と矛盾することから、目的―手段の関係の見直しが強調されている。しかし、これを強調し過ぎると、いわゆる学力低下を招きかねない。

そもそも教育を目的あるいは手段といった形で分けること自体が、教育現場を混乱させている元凶であるように思われる。教育そのものが目的であり、手段でもあり、本来が不可分なものであろう。いま、教育の本質、目的を豊かな人間性の涵養、あるいは学力の育成に置くとしても、それらと切り離された手段を想定することはできない。むしろ、目的と手段といった二元論的なとらえ方は学校教育の特徴であり、もう一方の伝統的な教育の場では、これらが区分されることはなかったように思われる。

たとえば、法隆寺大工の棟梁の家に生まれた西岡常一は祖父から宮大工としての、棟梁としての厳しい教育をうけ、そのかいあって、やがて宮大工の棟梁としてその力量を十分に発揮した。その功績が認められて平成四年度文化功労賞を受賞したが、氏の受けた教育がまさに目的と手段を不可分としたものであるように思われる。

　　土を忘れるな

わたしが小学校を終えるにあたって、父は、
「大工になるのやから、工業学校へ入れたい」
というのに対し、祖父は、

「額に汗することを学ぶには農学校がええ」

とはげしい口調で、父の意見をしりぞけ、自説を通してしまいました。その農学校も、祖父は、

「五年制はあかん、三年制に入れ、五年も上の学校へ行くと、カバンを持った月給取りになりさがる。そんなことやったら、法隆寺の大工も棟梁もつとまらん」

といい、三年制の農学校に入れられました。そのときのわたしからすれば、父の意見の方が、わかる気がしました。祖父の激しい口調にのまれて、農学校に入りましたが、わたしは心の中で、

「おじいさんはへんなことを押しつける人やな。大工になるおれが、なんで肥え桶かついで、ナスやカボチャを育て、米づくりを習わなならんのか」

と、長いこと納得が行きませんでした。

あとで聞かされたことですが、祖父の本当の気持ちは、

「人間ちゅうもんは土からうまれて土に返る。木も土に育って土に返るのや。建物だって土の上に建てるのや。土をわすれたら、人も木も塔もあらへん。土のありがたさを知らなんでは、ほんとの人間にも、立派な大工にもなれはせん」

ということでした。このことを、かんでふくめるように、いってくれました。(西岡・小原、一九七八　頁二二六―二二七)

西岡常一の回想のなかに、学校教育に対する重要な指摘をいくつか見て取ることができる。まず第一は、「三年制に入れ、五年も上の学校へ行くと、カバンを持った月給取りになりさがる」云々のくだりである。第二に、たとえば「大工になるのやから、工業学校へ入れたい」という父のごく常識的な意見である。第三に、「土のありがたさを知らなんでは、ほんとの人間にも、立派な大工にもなれはせん」という祖父のくだりである。

突き詰めて考えてみれば、現在の学校教育は月給取りを養成するためのものであるかもしれない。それに手をかすのが「大工になるのやから、工業学校へ入れたい」といった近未来的な発想である。これは専門教育重視の姿勢であり、そのものの見方の現われであると言ってよい。高等教育を受けるほど、より専門的な知識を手にすることができる。そして、それが近代社会で生きてゆくのに極めて重要な役割を演じるのである。

しかし、西岡常一の祖父は「土のありがたさを知らなんでは、ほんとの人間にも、立派な大工にもなれはせん」と言って農学校への進学を押しつけるのである。また、加藤唐九郎の祖母は「せっかくの、やきものの腕が鈍ってしまう」と言って学校教育を嫌うのである。彼らの祖父、祖母の直観的な洞察に、もちろんそれへの評価はさまざまではあろうが、いまわれわれが見失っている教育の本質を見て取れるように思われる。彼（彼女）らは自らの長い生の経験を通して、優れた大工になるためには、また陶工になるためには、一体何が必要なのかを身体で十分に知っていたのであろう。彼らは、自らの長い人生に裏打ちされた、ものの本質を見抜く眼を養っていたに違いない。

優れた大工になるためには、単に工業高校、さらには大学の建築学科といったところで直接的な、専門的な知識を身につければそれでよいというほど単純なものではない。むしろ彼らの祖父、祖母は専門的な知識の背後にある大工としての、陶工としての人の働きを重視していたのであろう。人の働きは、そのような直接的な、領域固有の知識を獲得したからといって直ちに身につくものではないことを、彼らは自らの体験を通して痛いほど知っていたに違いない。そして、この人の働きを養うことこそ教育の普遍的な、本質的な目的である。

西岡常一が農学校へ通い、土を通して学んだことは、必ずしも大工仕事に直接役立つようなものではなかった。しかし、宮大工の棟梁として何百年の風雪に耐えるだけの伽藍を建築してゆくためには、それが建つ自然、風土を十分に把握していなければならない。そして、農学校での体験がその種の把握に重要な役割を果たしたことは容易に推測しうる。

農学校への進学は、しかしこれにとどまらずもっと深い意味があったように思われる。それは西岡常一の祖父がいう「額に汗することを学ぶには農学校がええ」「土のありがたさを知らなんでは、ほんとの人間にも、立派な大工にもなれはせん」というくだりの、ほんとの人間、そしてその結果としての立派な大工としての働きである。つまりほんとの人間としての立派な大工であり、さらに言えば人の働きの現われとしての大工である。西岡家には、法隆寺の代々の大工たちの長い間の体験から生み出された口伝があるそうである。これなども人の働きを強調していることの証である。

口伝

塔組みは、木組み
木組みは、木のくせ組み
木のくせ組みは、人組み
人組みは、人の心組み

人の心組みは、棟梁の工人への思いやり
工人の非を責めず、己の不徳を思え
（西岡・小原、一九七八　頁三五）

加藤唐九郎の祖母の見解と西岡常一の祖父のそれとは随分近いものである。「学校なんかへ行って、誰もが同じことをやるような教育を受けたら、せっかくの、やきものの腕が鈍ってしまう」と言うのも、単にやきものの腕と学校教育が直接関係していると考えているのではなく、誰もが均一的に教育されることで、やきものを創る云々以前の人の働きそのものが、たとえば感性とでも呼ぶべきものが鈍ってくることを恐れて言っているのであろう。

芸術作品には創造豊かな表現が求められる。それは単にろくろの技術とか、絵つけといったレベルを超えたものであろう。加藤唐九郎が言うように、土とか炎との対話を通して、そこにはじめて創造豊かな作品ができあがる。それは、加藤唐九郎が土と炎の助けをかりて茶碗に自己を表出しているとも言える。創造性は自己の表出であり、反映である。だからこそ作者の個性化がなによりも求められることになる。個性の表出としての創造である。

彼の祖母はこのことを十分に知っていたがゆえに、均一的な学校教育を嫌ったのであろう。では、学校教育を廃止すべきか、と言えば必ずしもそうではない。廃止にくみする人は少ないのではないか。確かに、加藤唐九郎あるいは西岡常一には学校教育は不必要であったかもしれないが、一方では学校教育の有効性をそれなりに認めなければならない。また、西岡常一の場合も一見遠回りのようにも思われるが、農学校で受けた教育が後の彼の仕事に随分役立ったはずである。彼は農学校での体験を貴重なものとしてとらえている。

問題にすべきは、大工になるなら工業高校へさらには建築科へというように、昨今の学校教育があまりにも直接的なものを求め過ぎていることである。そのための義務教育であり、さらには高等教育である。教育を社会への適応の手段と見なす昨今の教育のあり方では、残念ながらほんとの人間、立派な大工といった意味での豊かな自己を涵養しえないだろう。それは自己を豊かにしてゆくための教育ではなく、自らを社会の要請に合わせて適応させてゆくための教育である。また、適応しないかぎり生きてゆくことは難しい。これが近代社会の偽らざる実情でもある。

誰もが個性豊かな教育を求めているが、それはあくまでも既存の枠のなかでの個性であり、その枠をはみだした個性ではない。この限定された枠のなかで個性教育を求めたとしても、そこから大したことは期待できない。枠を超えた個性豊かな教育を押し進めるためには、なによりもまず教師の力量が求められる。

ところが、学校という場で教師がその力量を十分に発揮することは難しい。なぜなら学校では、教師は徒弟制でいう師匠にはなりえない。また、教室では兄弟子、新弟子との相互のかかわりを前提にした関係が成立しえない。そもそも学校は実践共同体といった考えとは無縁のところで存立する。学びの場とはなりえない学校にあって、教師が自らの力量を高めることも難しい。しかし、その手だてがまったくないわけではない。

Ⅱ　徒弟教育からの示唆

1　何を伝えるのか

力量を高める難しさはなにも教師のそれに限られたことではない。あらゆる組織と個人との関係のなかで見られることである。なかでも近代社会に、共通して顕著に見られる特徴である。その難しさは、多くの要因が複合的に働いた結果であろうが、最終的にはわれわれが社会、組織あるいは制度に過度に依存しているからではないかと思われる。組織、制度に身を委ねることで、一方ではわれわれは自分の本来の力以上のものを発揮することができるとしても、他方ではそこに自らの考え、意図が関与することが少なくなるのであろう。われわれはこの繰り返しのなかで、確実に自らの人の働きを弱くしているように思われる。

何かあることに能動的にかかわってゆくかぎり、われわれはかかわりのもう一方の主体である相手方からの働きかけを受動、受苦しなければならない。このような能動と受動の繰り返しのなかで、われわれはその体験の意味を十分に把握してゆく。その把握は単に概念的なものではなく、身体のレベルでとらえ、実感し、納得したものである。このような体験を積み重ねることで、自らの人としての働きを豊かに涵養しうる。

これに対して、われわれの体験が組織、制度に依って行なわれたとすると、その体験を自らのものとして把握し、そこに意味を見いだすことは難しくなる。また、制度とか組織でとらえられたものは、その制度あるいは組織の手を経て外へ出されてゆく。いったん外に出されたものは、多くの場合言語化されていることもあって、それは効率よく他者に伝達される。そのため、あたかもそれ自体が独自に存在するかのように取り扱われてゆくことから、体験した主体が直接評価の対象にされることも少ない。その結果、ますます人の働きが、また個人の力量が軽視されてゆくことになる。

過度に制度化された学校教育では、子どもたちは固有の場で能動と受動をともなった体験を介して学ぶのではなく、概念化されたものを受動的に学習している。そのため、学校教育は体験と知識の乖離を埋めるのではなく、むしろ拡大している面すらある。このような状況のなかでは、子どもたちだけでなく教師もまた学校での個別の体験を普遍性ある経験にまで高めることができない。当然、人の働きを豊かに涵養することも難しい。

そして、この難しさを助長するのが社会の学校化であろう。現に、学校あるいは社会のいずれにおいても、西岡常一のいう「ほんとの人間、立派な大工」になる術が教えられることは少ない。昨今の学校教育の場では、教えたくとも教えられないというのが正直なところであろう。このことがまた教師の人の働きを涵養してゆく機会を奪い、ますますその働きを低下させることにつながっている面もある。このことこそ重大な危機と言うべきであろう。

重大な危機を克服し、新たな教育を構築するためには、人の働きがなくてはならない。人の働きは多様な価値観のなかで、また多様なものごとにかかわるなかで豊かに涵養される。このことを教育の根底に据えていさえすれば、「ほんとの人間、立派な大工、立派な教師」になることも不可能ではない。しかし、いかに多様な価値観、人の働きが教育に大切であるとしても、これだけを単独に取り出して教えることはできない。教え―学ぶ際の媒体としての具体的な課題がどうしても必要になる。それが個別の専門であり、それを押し進める固有の教育である。この点を、旋盤工でもありノンフィクション作家である小関智弘は、『鉄を削る』で次のように語っている。

モノを見る眼

わたしが修業したころには、一人前の旋盤工になるには、七年かかると言われました。実際には三十三年働いてきたいまも、一人前だとはいえません。それでも、わたしはいま失業して、かりに板前の修業をしろということになっても、ガラス職人になれと言われても、二、三年修業すれば一人前になれる自信はあります。どんな仕事にも共通して必要なものは、モノを見る眼とモノを造る姿勢と、それからまわりの人との関連で自分をどこに立たせるかを知る位置づけです。そんなことは、当たりまえのことのようですが、知識としてではなくて体で憶えるには、やはり十年ぐらいかかります。（小関、一九八五　頁一六五）

自分をどこに立たせるかを知る位置づけとは、ものを学ぶ姿勢であり、ものを見る眼、ものを造る姿勢とともに重要なものである。西岡常一のいう「ほんとの人間」にも関連し、ともに私のいう人の働きである。したがって、この働きは純粋に知的な働きというよりは、むしろ社会的なものである。自分を立たせる位置を知ることで他者の支援が得やすくなり、自己の有能さを表出しうる機会にも恵まれる。小関智弘は何十年も旋盤と向かい合い、自らの個別の具体的な体験を意味あるものにするなかで、人の働きを身につけてきたのである。また、西岡常一は長く宮大工としての仕事をやってゆくなかで、かつての農学校での体験を意味あるものにしていったのである。

2　「教えない」という力量

制度としての学校教育を支えているのが制度としての教師である。学校教育をになう教師は、大学あるいはそれに準ずるところで教職課程の所定科目を履修し、教員免許をもっていなければならない。誰でも教壇に立てるわけではない。このことは逆に、教師としての力量がなくとも免許さえあれば教師になれることを意味する。ここに制度としての学校、そして教師といったものが成立する。私はこの種の制度が直ちに学校教育の荒廃をもたらしたとは思わない。また、制度はそれなりに必要なものである。

学校教育で重要なことは、教育という場を教師自身がどのようにとらえ、またそれをどのように構築してゆくかである。そのなかで教師が自らの人の働きを涵養し、力量を高めてゆかなければならない。学校という場で、しかも教えることを通して教師が教師になり、またそこで学ぶことを通して子どもが生徒となる。

ところが、そもそも学校という場が実践共同体にはなりえず、皮肉にも教師が学校で教師になることが難しい状況にある。なぜなら校長、教頭あるいは先輩の教師からなる集団は決して正統的な実践共同体ではない。校長は徒弟教育でいう師匠などではなく、また先輩の教師も彼の兄弟子ではありえない。彼らは新任の教師が到達すべき目標として存在しているわけではない。そのため教師は自らの努力で教師になってゆく以外に手だてをもたないのである。人の働きが制度を超えたものである以上、このことは当然である。それを制度的に校長を師匠と位置づけたりすると、教育がますます歪められることになろう。

教師は自らの力量を高める場をクラスに求めるべきであろうが、そのクラスとて一人の教師とおなじ年齢の子どもたちのみからなる集団であり、必ずしも力量を高める場になるとは限らない。また、そこではものを作るといった具体的な経験は少なく、抽象的な知識が重視されている。そのためであろう、クラスもまた実践共同体とはほど遠い存在でしかない。しかし、たとえそうであるとしても、教師は担当したクラスでの経験を通して自らの人の働きを涵養してゆく以外に手だてをもたないのである。

クラスが豊かなかかわりの場として構築されていると、そこでの教師は教えるのではなく「考えてごらん」と言って、子どもたちをいったん突き放すこともできる。時には「教えない」とまで言い切ってもよい。それはまた、優れたセラピストとクライエントとの関係にも似ている。かつて京都大学の河合隼雄教授は心理療法を講義するなかで、クライエントから「治りますか」との問いに「わかりません」とまで言い切り、それでいてクライエントとの関係を維持しうるだけの力量を身につけるべきだ、と言った。その背景には、多くのセラピストが治そうとし過ぎて結局どうにもならなくなるほどの事態に陥る、といった現実があるようである。

そもそも教育は難しいいとなみである。教師としての職業を遂行してゆくこともまた難しい。ましてや教えることを仕事とする教師が「教えない」とまで言い切ることは、余程の力量と自信があってはじめてできることであろう。そして時には、この教えないことが教えることよりもはるかに重要な意味をもつこともある。過剰教育が問題となるのは、単に知識を与え過ぎる云々を超えて、せっかく子どもが直面した生の体験を自らの言葉で表現してゆく機会をも奪ってしまうからである。教えられるがゆえに、子どもたちは自らの言葉で考えぬくことを放棄してゆくこともあるに違いない。それを放棄した子どもがその後どういう道を辿るかは言うまでもない。

あるいはまた、積極的に教えるということは、悪く言えば、教えられることしか教えないことにもなりかねない。そのため抽象的な専門知識は教えられるにしても、たとえば小関（一九八五）のいう「モノを見る眼」「学ぶ姿勢」を教えることはできない。学校では、教えることのできないものは試験の対象にならないことから、教えてゆく範囲がますます狭められてゆく。範囲は減少するが、学ぶべきことはより細分化され、子どもたちは以前にも増して多くのことを学ばなければならなくなる。

このように、教育の根底をなすべき学ぶ姿勢、ものを見る眼を直接教授することは難しい。しかし、子どもがそれを自然に身につけてゆく機会を与えることはできる。この機会を与えることこそが、学びを支援するシステムとしての教育である。

この教育は、たとえば徒弟教育あるいは正統的周辺参加のいう周辺参加から十全的参加への移行という形で実践されている。この移行の過程では、弟子たちは直ちに役立つような知識を必ずしも与えられるわけではない。内弟子には、時には掃除、子守りといった一見無関係としか言いようのない課題が与えられることも決して少なくない。しかし無関係に見えても、内弟子に課せられたこれらの仕事は、彼らがものの本質をつかむためには不可欠のものであるに違いない。それは、たとえば西岡常一が大工になるために農学校に進学したようなものではないか。彼は農業を通して土を知り、それと深くかかわるなかで伽藍の建築に何が大切か、その本質をあますところなく身につけていったのであろう。

3　教師の力量とは

教師の力量を高めることはなによりも急務である。そのための方策が現在さまざまなレベルで立てられている。教職課程が充実したことも、あるいは教員採用試験が難しくなったことも、確かに教師の力量を高めているに違いない。しかし、その力量はあくまでも教科に限定されたものであり、しょせん抽象的な知識云々のレベルでしかないように思われる。人の働きといった根源的な力量を問題にしているわけではないのである。

現実には、力量を高めるための方策が、逆に現在の危機的な教育状況を助長している可能性も十分にありうる。新たな発想のもとで教師の力量を高めてゆかなければならないが、それが一体どのようなものか、いまひとつ明らかではない。多次元的に考えてゆく以外に手だてがないのであろうが、ただ教師の力量を制度的に高めることは極めて難しいのではないかと思われる。とすると、制度を超えて教師の力量を高めてゆくことが重要となる。

教師の力量は、主として授業の場で発揮されることからも明らかなように、かかわりのなかに埋め込まれたものである。また、教師の力量を高めるためには、かかわりの場がなくてはならない。ところが、堅固な制度によって守られた教師が自らをかかわりの場に身を委ね、主体的に自らの力量を高めようとすることなどまれではないか。また、その機会も少ないと見なすべきであろう。にもかかわらず、教師が自らの力量を自覚するのは何らかの問題を抱えた子どもたちと向き合ったときであろう。それは多分に教師の苦い体験であろうが、その体験を契機にして子どもたちとかかわるなかで自らの力量を、人の働きを涵養してゆくことができる。

このように、教師の人の働きはもう一方の主体である子どもたちと密接に結びついている。この見方に対しては、子どもを過大に評価しているとの批判もあろうが、子どもたちの力量を決して過小に評価すべきではない。現に、教師を見る子どもたちの眼はおそらく想像以上に厳しいものであろう。彼らは義務教育あるいは高等教育にかかわらず、教師の力量に極めて敏感に反応し、彼らの力量を的確に評価してゆく。そして教師に力量がないと見抜くと、直ちに彼らとのかかわりの場を閉ざしてしまうに違いない。

もちろん小学生、中学生、高校生あるいは大学生の言う教師の力量がおなじ次元のものであるとは思われない。また、学年を経るごとに力量の評価規準が違って当然である。としても、それぞれのレベルで教師の力量を的確にとらえてゆくことには変わりはないと見るべきであろう。

その評価も、多くの場合必ずしも十分な時間をかけてなされるわけではないようである。現に、評価は各学年の、各講義の比較的早い時点でなされている。また、授業あるいは教師に関する情報が必ずしも評価を決定するわけではない。教師の力量に対する評価は直観的であり、それは敵か味方か、身に危険があるか否か、を瞬時に判断する動物の反応にも似ている。評価の的確さは生き残るためには不可欠である。いま、評価が主観的になされる以上、当然相性あるいは個人的な好みもあろう。しかし学生の評価は、それを超えて的確であり妥当なものであることも多いのではないかと思われる。

では、彼（彼女）らは教師の何をもって力量とし、それを評価しているのであろうか。教師の力量を高めるための必要条件が、そのままここでの「何」に当てはまると考えてよい。力量とは、言うまでもなく授業、講義内容に関するそれであり、あるいはまた実践共同体を構築してゆくそれである。

まず授業、講義内容に関する力量とは、義務教育あるいは高等教育をとわず、教科あるいは研究領域に関する豊富な知識に裏打ちされたものでなければならない。なかでも高等教育の講義は、最先端の情報の価値や意義を十分に踏まえて提供し、しかもそこに講義者の独自な考えが埋め込まれていなければならない。

では、最先端の情報とは何か。最新号の雑誌に掲載された情報が直ちに最先端というわけではない。結論から言えば、自ら独創した情報であってはじめて最先端の情報である。そのため講義と研究は不可分のものであり、優れた研究者であってはじめて優れた講義が可能となる。このように講義は単なる知識の伝達ではなく、知識を生み出す人の働きとしてである。それゆえに誰が講義するのかが極めて重要となる。

学生は講義だけでなく、講義と分かちがたい研究能力、姿勢さえも射程にいれて教師の力量を「できる」「できない」と直観的に評価しているのではないか。表層的な講義の上手さ、面白さで評価している部分があるとしても、それが力量に裏打ちされたものか否かを学生は鋭く見抜いているはずである。これに対して、義務教育では必ずしも研究といった側面は前面には出ないであろうが、教科の知識だけでなく、授業に取り組む姿勢を子どもたちは敏感に見抜いているように思われる。この場合も、知識を提供してゆく人の背後にある人の働き、つまり誰がどのような姿勢で授業をしてゆくか、その姿勢から教師の力量を鋭く評価してゆくのであろう。

教師に求められるもう一つの力量は、実践共同体を構築するそれである。義務教育あるいは高等教育にかかわらず、提供される知識とそれを提供する人とが別ものであるとするかぎり、豊かな実践共同体を構築することはできない。構築能力はあくまでも人の働きによるものであり、教師が子どもたちとのかかわりを自らの経験として生かすなかで身につけたものである。そして、そのかかわりの媒体が提供する知識であり、教科であり、専門である。

その際、教師としての経験年数が重要ではあろうが、経験年数が増加するにつれてよい教師になりうるかと言えば、必ずしもそうではない。確かに経験年数は重要であり、その増加にともなって子どもの様子を、学習の進み具合を的確に把握しうるようになることもある。その場合でも、その種の知識があるからといって直ちによい教師になれるとは限らない。いま、経験年数がしかるべき意味をもつとすれば、その間に引き受けなければならなかった受苦の積み重ねによるものであろう。子どもたちの問題提起を苦受として、矛盾あるいは葛藤を一つひとつ解決してきたなかで獲得されたものが、すなわち人の働きであり、この働きがクラスを生き生きとした実践共同体に構築してゆく。

このためには、教師は子どもとの生のかかわりのなかに自らが学んでゆかなければならない。自らをその場に委ね、一方では教師としての役割を果たしながら、他方ではそのかかわりのなかに潜入し、そこに一体化することが求められる。そのことによって教師と生徒とは一つの世界を共有し、その共通体験を通して教え—学ぶことが成立する。としても、この段階で教え—学ぶことが直ちに成立するわけではない。その成立のためには、一体化した世界を自らの言葉でそのつど表出してゆかなければならない。表出することを通してはじめて自らの本当の体験となり、この繰り返しのなかでクラスが実践共同体として構築されてゆくのであろう。

重要なことはその表出の仕方である。ある人は自らの体験をできるだけ素早く既成の概念にあてはめ、それを直ちに自らの体験のように把握してゆく。この場合、個人的な体験の差異を捨象して共通特性のみを見てゆくことになる。そのため個性を無視することになり、結果として新たな自己を、そして新たな世界を見いだしえないことも多いように思われる。

これに対して、直面した事象を急速に対象化するのではなく、むしろ一体化した世界にとどまり、それをできるだけ正確に、自分の言葉で表現しようとする人もいる。彼らは類似性よりもむしろ違いを重視してゆく。彼らは新たに見いだされた出来事に向き合う形で、新たな自己を絶えず見いだしてゆく。また、見いだされた自己をより高次の自己に統合してゆくなかで、自己をいっそう豊かに涵養しようとする。

豊かな自己と、ここでいう優れた教師とは深いつながりをもつ。自己を豊かに涵養した教師のみが優れた教師となる。教師こそ、「ほんとの人間、立派な教師」といったことが切に要求されるのであろう。このためには教師自身が教師であるまえに、ほんとの人間として存在しなければならない。そしてこのことは教師だけでなく、仕事に携わるすべての人にもそのまま当てはまるはずである。

第6章　経験の普遍化

I　理論から人の働きへ

1　深い理解

われわれは身体的存在としてあり、時間的にも空間的にも厳しく制約されているが、その制約を克服すべく、世界に対して能動的に働きかけてゆく。その際、身体がいま・ここに厳しく制約されているがゆえに、他者あるいはまた世界に対して受苦的、受動的にならざるをえない。たとえば、自らの行為が他者とのあいだに新たな矛盾、葛藤を引き起こし、われわれはそれを受苦として引き受けてゆくなかで、この矛盾を解決してゆく。具体的には、われわれはいま・ここに制約される身体を見えない身体（野村、一九九九）に構築することで、世界を以前とは違った形でとらえなおすのである。見えない身体は解剖学的身体のもつ制約を克服した身体であり、たとえば長期にわたる修業を介して獲得された熟達者の身体である。

見えない身体は学びを介して構築されつづける。そして、この身体の関係でそのつど立ち現われた世界が、すなわち固有の場である。徒弟教育はなによりも固有の場での学びを重視してきたのである。ところが学校教育が普及するにつれて、徒弟教育の担う役割は急激に減少し、いまでは芸道あるいは職人の世界に限定されている。それは徒弟教育が学校教育に比べて教育効率の面で劣り、また師匠、兄弟子などとの人間関係の煩わしさ、なかでも権威による支配―服従といった関係を抱えているからであろう。

しかし、徒弟教育のもつこの特性こそが、徒弟教育を存立せしめている特性でもある。いずれにしても、徒弟教育は近代化のなかで時代遅れとして積極的に切り捨てられてきたが、そこには教育と呼ぶにふさわしい何かが脈々と伝えられている。

何かとは、いうまでもなく「教え（られ）ない」がゆえに弟子自らが積極的に学び、身体が覚えるといった学びの姿勢である。実際、徒弟教育では学びの姿勢は特に重視され、師匠あるいは兄弟子が弟子に言葉を介して直接教えることは少ないようである。それは、「教えない」ことで逆に弟子の学びたいという動機づけを高めているとの見方もできる。それだけでなく徒弟制は、言葉を介して教えることはできないが、身体を介して徒弟は学ぶことができるという事実を見据えて構成されたものであり、なによりも身体が学ぶことを重視するからであろう（第2・第3章参照）。

「教えない」教育は昨今の過剰教育と対照をなす。過剰教育が問題になるのは、状況から切り離されたところで過剰に教えるがゆえに、子どもたちが自ら考え目標を生成するといった基本的な能力が弱体化してゆくからである。教えることは、その種の能力を養ってゆく機会そのものを奪うことにも等しい。徒弟教育は「教えない」ことで、徒弟自らが考え目標を生成してゆく能力を養ってゆくなかで、その学びを保障してきたのである。

「教えない」教育は、まずその根底において、他者を真似ることを、しかも身体がそれを真似ることを重視する。この教育は、弟子が師匠を真似るなかで最終的には「わざ」の神髄を身につけてゆくと考えている。それを保障するものが実践共同体への参加である。実践共同体に参加し、場を共有するなかで、学ぶべき多くのものは身体が直接感じ取るものであり、あるいは言語を介するとしても、それを身体のレベルでとらえなおしたものである。

われわれが何かを真に理解するということは、たとえそれが言語を介在させた場合であったとしても、そのことがらを自らの生活のなかで、世界全体のなかで実感することである。あるいはまた、他のことがらとの意味的関連を拡げてゆくことである。それは自らの身体が実感としてとらえることであり、身体の一部にしてゆくことでもある。たとえば竹内によると、他人を理解する道はその人のからだになってみること、マネてみる、感じとることにしかない（竹内、一九八二）。これなども対象との身体的同調を通して、他者を自己の身体でとらえる必要性を強調してのことであろう。

身体の働き、感覚を重視する徒弟教育では、師匠はあえて言葉を介在させず、言葉を超えたところで直接弟子自らの身体で対象をとらえさせようとする。そのため極めて深い理解に到達しうる可能性を秘めたものであるが、誰もが深い理解に到達しうるわけではない。教育効率といった観点からすれば、その効率はむしろ悪い場合が多いように思われる。教育効率の悪さは、つまるところ体系化された教授法あるいは到達すべき目標をもたないからである。

徒弟教育は単に、「どのように」教授してゆくか、その過程が理論的に構築されていないばかりでなく、「何を」教えるべきかに関しても、師匠自身が明確に把握しているわけではない。そもそもこの種の教育では、「何を」と「どのように」とは不可分である。強いて言えば、師匠の発揮する「わざ」そのものが目標であり、それに到達する過程が「どのように」に相当するが、この場合もその過程が体系化されているわけではない。「教えない」状況下では、弟子は師匠の「わざ」を模倣し、盗み取るだけである。もちろん弟子の力量に応じて目標の設定も、模倣の仕方も、さらには盗み取り方も違ってくる。

学校教育と徒弟教育との違いはこれにとどまらない。学校教育では、まえもって提示された目標に到達することが、すなわち目標の達成である。他方、徒弟教育では到達すべき目標がまえもって設定されているわけではなく、あくまでも自らの力量に応じてそのつど生成してゆくことになる。そのため「もうこれでよい」といった到達点に達することはなく、生涯にわたって追求してゆくことが多い。

目標を生成的に拡大してゆくなかで、かつては新参者であった弟子も中堅どころとなり、しだいに重要な仕事を任されるようになる。当然、実践共同体のなかでの自己のあり方は当初のそれとは異なり、また師匠、兄弟子、弟弟子などとの関係も変化してゆく。この変化を介して、彼は技を習得するだけでなく、以前とは違った自己を自覚するようになる。この絶え間ない繰り返しのなかで、一方では「わざ」に固有の技能に習熟し、他方では実践共同体のなかで以前とは違った自己を自覚するようになる。このように技能の習熟と自己の自覚とは不可分のものであり、これらを不可分なものとして学習を支援してゆくことこそ徒弟教育の神髄である。

2　脱学習と人の働き

社会の近代化を避けては通れない以上、われわれのすべきことは、いかに徒弟教育の神髄を近代社会における学びの世界に取り入れてゆくかである。その際、その神髄を理論として体系化することも不可能ではないだろうが、いったん体系化すると、それを適用することにもなり、結局学校教育の二の舞でしかないことになろう。

いま、理論を重視した教育を押し進めることは、それなりの成果を得られるにしても、他方では状況に埋め込まれた人の働きを過小に評価することにもなる。さらには、かかわりといった機会を奪うことにもなりかねない。かかわりのないところでは、学ぶ者だけでなく教える者もまた自己を豊かに涵養することが難しい。

人は理論とか教授法に依拠すればするほど、人としての固有の働きをますます弱めてゆくように思われる。近代社会で特にその傾向が強いようである。逆に、自己をかかわりの場に委ねているかぎり、自己の体験はそのつど新しいものである。その体験は、厳密な意味では一回限りのものである。問題はその一回限りの体験をどのように生かしてゆくかであろうが、一回限りであるがゆえに体系化しえない。ところが実際には、体系化しえない一回限りの体験が、たとえば徒弟教育のなかでは十分に生かされているのである。

とすると、われわれのすべきことは一回限りの体験にそのつど学ぶことであり、その学びを介して自らの人の働きを豊かに涵養してゆくことである。そして、それを新たな経験に生かすことであろう。この生かし方は間接的ではあるにしても、徒弟教育を近代社会に生かす唯一の道筋であるように思われる。

そしていま、その道筋を人びとに理解させるためには、何らかの理論あるいは枠組みが不可欠である。としても、この場合の理論は強い理論ではなく、むしろ弱い理論であろう。また、それは静的な理論ではなく動的な理論であろう。しかし、動的な理論は理論として成立しうるのか、はなはだ疑問である。

そもそも静的な理論は、動きの真っ只中にある現象を静止させた世界で定立されたものであり、自己と切断された客観の世界に適用されることでその力を発揮する。近代の知、科学の知は静的な理論の集大成であると言ってよい。これに対して動的な理論は、その理論がとらえる世界とその理論に依拠する主体を同時に取り込んだものである。そのため動的な理論は未だ明確に理論として確立される以前のそれであり、かかわりのなかで必要に応じて即興的に立ち現われる行為として具現する。その具現は行為主体の人の働きとしか言いようのないものである（野村、二〇〇二参照）。

したがって、人の働きは誰かある人の働きではなく、あくまでも私自身の働きでなければならない。われわれはこの働きを介して世界とそれに対峙する自己とを不可分のものとしてとらえる。少なくとも、それによって切断されていた客観性と主観性の橋渡しをすることはできるように思われる。たとえば理論と実践、知識と技能、さらには精神と身体の二元論的対立は、人の働きを介することで超越され、分かちがたいものとなる。

人の働きは体系化された教授法に依って発揮されるものではないにしても、一切の教授法と無関係に成立するものでもない。この意味で人の働きが発揮されるためには、何らかの教授法の援用は不可欠であろう。ただいずれの教授法を援用するにしても、教授法そのものに比重を置くのではなく、むしろ人の働きの方がはるかに勝っていなければならないことは言うまでもない。

このように人の働きは必ずしも抽象的な、言語化された知識を駆使することでもなければ、また一切のそれを拒否することでもない。それは経験、修業を介して獲得されたものであり、自らの身体の一部となったような生きた知識の具体的な表出としてある。その表出は固有の場でのそれであり、極めて即興的なものであることを特色とする。

人の働きとは、まず暗黙知の働きとしてある。それは言語化しえない、明示化しえない世界を把握する働きとしてある。その働きは、たとえばものを見る眼として、優れた価値判断を可能にする自主独立の価値観、つまりよいテイスト（taste）として、さらには未知の世界を構想する力として具現する。

たとえば、熟達者は目で見て、叩いてその音を聴き、さらには触れてものの特性を見極める。彼らは視覚、聴覚といった個別感覚を超えた複数の感覚にまたがる共通感覚を働かせ、ものごとの本質をつかむ。彼らは優れたものを見る眼を鍛えていると言ってよい。

また、人の働きは選択の際にも極めて重要な役割を果たす。いま、新たな事態で何らかの選択をしてゆく際、過去の経験とか理論を直接利用することはできない。ある事象を選ぶか他の事象を選ぶかは、長年にわたって培ってきた自らの価値判断に頼る以外に手だてをもたない。いかに理論を駆使しようとも、理論から未知の事象に白黒をつけることはできない。未知の事象の選択はあくまでも理論を超えたものである。それは美味いか不味いか、つまり選択すべきものを身体、舌で直接判断するテイストをいかに鍛えているか、にかかっている。この意味で、その選択は論理によらないものであり、直観的かつ即興的な選択である。

このような人の働きが何らかの学習によるものであるとしても、その学習は学習心理学でいう学習のレベルを超越した学習であり、脱学習（de-learning）とでも呼ぶべきものである。脱学習は心理学でいう学習解消（un-learning）とはまったく別の概念であり、学習を成立させる個別の状況、事態を超えた極めて深いレベルの学習である。

深い学習とは、たとえばいったん意識の層で学習したものを意識下に沈めるような学習であり、あるいは固有の領域を超えて領域一般性を獲得する学習である。それだけでなく、心身の分離を超えてそれらを不可分のものにする学習でもある。表層的な学習を超越してより深い学習に至るために、人びとは個々の経験のなかで静的な理論、たとえば心理学的な法則などを有効に活用していることは言うまでもない。また、固有の場で代々言い伝えられていることなども利用したに違いない。しかし、それらはいずれも当初の学習段階で有効であるにしても、それを超えた脱学習の段階で積極的に役立つとは考えられない。

脱学習の過程は、かつて学習された個別の事象が相互にかかわり、以前とは違ったまったく新しいものを作りだす過程である。それは極めて自己組織的なものであり、学習者の意図がそこにいちいち関与することは少ないと思われる。

われわれは他者からの働きかけを受け、また他者に働きかけるなかで、そのつど立ち現われた経験がおのずと一つのまとまりへと再構成されてゆくなかで、当初の学習を超えた脱学習を可能にしてゆくのであろう。そのなかでも、かかわりのなかで直面せざるをえなかった矛盾、葛藤さらには受苦の克服が脱学習の成立に深くかかわっているものと思われる。もちろん、その際の経験が一回限りのものであることから、そこでの経験はいちいち特定しうるようなものではない。その経験はただ身体が覚えているとしか言いようのないものであろう。

人の働きが十分に発揮されるような事態では、教える者（師匠）―教えられる者（弟子）が対峙することはない。学びの場を共有してゆくなかで、弟子は師匠の立ち居振る舞いあるいは行為に同調しながら確実に多くのことを学んでゆく。その際、師匠の立ち居振る舞いは単なる技能、技のそれとしてあるのではなく、それらをも包摂した「わざ」の真っ只中での立ち居振る舞いである。それは師匠の人となり、人格の表出としてある。当然、そのような師匠の立ち居振る舞いは弟子にとっては憧れの対象であり、尊敬の念に満ちあふれたまなざしで見るものとしてある。この意味でも、人の働きは師匠個人の人間的魅力と無関係ではありえない。

それだけでなく、師匠との関係は弟子が技に熟達するにつれて豊かに変貌してゆく。このことがよりいっそう相互的なかかわりをもたらし、またそこでの経験を豊かなものにする。弟子はかつては見れども見えず、聴けども聴こえずの状態であったが、やがて以前とは違った師匠の立ち居振る舞いをとらえ、それを自らのものとしてゆく。そこには絶えず進展する重層的な、動的な関係が構築され、そのなかで弟子は確実に自らの力量を高め、また人の働きを涵養してゆく。

3　日常性を突き抜ける

脱学習によって獲得されるものは単なる抽象的な知識ではなく、実践共同体のなかで自らの依って立つその立ち方である。しかも、その多くは概念的なものではなく身体がとらえたものである。たとえば町工場の新参者は、単に旋盤を扱うに必要な特殊な技術を学ぶ（固有の領域での学習）だけではない。それ以外にも、ものを見る眼を、ものを作る姿勢を、さらにはまわりの人との関連で自分をどこに立たせるかを知る位置づけ、つまり学ぶ姿勢を身につけてゆく。これらが領域一般性、普遍性に深く関係するものであり、その多くは言語化が極めて難しい暗黙的な知識であり、同時にそれは身体の技能としてある。実際には知識と技能が一体化した知性的技能であろう。

領域特殊性から領域一般性への移行に関して、たとえば旋盤工であり、作家でもある小関は「熟練は我流や邪道の質を高めながら完成する。教わった通り、与えられた通りを何万回繰り返したとしても、そこから生まれてくるのは慣れと器用さにすぎない。（中略）器用なのが熟練ではない」と言う（小関、一九八五、頁一五八）。いま、領域に固有の知識にとどまるかぎり、そこから生まれてくるのは慣れと器用さにすぎない。重要なことは、脱学習によって領域一般性の暗黙的な知識、技能を身につけることである。

波多野（一九八二）は、知識構造上の特徴や技能における柔軟性、適応性の水準に基づいて、慣れと器用さにすぎない熟達者を定型的と呼び、また領域一般性の暗黙的な知識、技能を身につけた熟達者を適応的と呼んでいる。たとえば、熟達者のなかには自らの行なっている遂行原理を、つまり遂行を支配しているところの原理を十分に理解し、必要とあればそれをある程度まで説明しうる人がいる。彼らこそ将来適応的熟達者となりうる人たちであろう。彼らは、たとえば遂行の各段階に意味づけをしたり、手続きの各段階に判断基準を設定し、何が適切な変化であり何が不適切な変化であるかを、判断してゆくことができる。これによって熟達者は状況の変化に適切に対応しうるようになる。さらには、遂行の原理を理解することによって新しい手続きを考え出し、それを運用する際にどのような結果がもたらされるかを見通すこともできる。

このように、適応的熟達者は当該領域を超えて広く領域一般性の能力を発揮する。それゆえにこそ二、三年すれば他の領域でも一人前になれる自信があります、とさえ言い切れるのであろう。適応的熟達者は絶えず脱学習を繰り返してきた人たちである。これに対して、定型的熟達者の発揮する能力はある領域に限られ、獲得している器用さを他の領域にまで拡大して応用することは難しい。

優れた適応的熟達者になるためには固有の場で、しかも開かれた世界のなかで学びつづけなければならない。閉ざされた世界にいるかぎり、そこで適応的熟達者になることは難しい。開かれた世界での学びは基本的には一回限りの体験に基づいたものであり、限りない学びの世界に身を委ねることでもある。それは絶えず未知の世界を求めつづけることに等しい。

ところが、われわれは開かれた世界を閉ざされた世界としてとらえ、自らの体験を繰り返しのなかに位置づけ、世界を自明化してゆく。それが日常生活であろう。日常生活のなかにあって未知を求めつづけることは難しい。日常生活とはこの求める心とは無縁の生活であり、だからこそ日常でありうる。

逆に、日常にあってそれを求め続ける人たちだけが独自の世界に到達しうるのであろう。

それが偉大な発見であったり、作品であったりする。二〇世紀前半に活躍したスイス生まれの画家であるパウル・クレーもそのうちの一人であろう。彼は日常のなかに創造的な非日常を見いだし、それを画板のうえに表現していったのである。

　パウル・クレー

クレーは、家事育児を上手にこなした。妻が家計を支えている無名の時代、そのアトリエは台所にあった。食事の支度をし、オムツを取り替え、家計簿をつけ、合間に絵筆をとった。（中略）「主夫」生活は一五年間続いた。（中略）湯が噴きこぼれないかを気にかけながら、新しい絵に思いをめぐらし、オムツを畳みながら頭に線画をえがく。クレーが懸命に日常の身辺雑事に取り組むうちに、その作品は、不純物が除かれて曇りけなく、まじりけなく結晶した。日常の中に深く浸るほど、その絵は日常性を突き抜け、夢想に近づいていった。（朝日新聞、一九八五年二月一七日朝刊）

日常のなかに非日常を絶えず見いだすためには「時」と「場所」の制約を超越しなければならない。アトリエが台所にあったクレーの場合が典型であろう。しかし、誰もがクレーのように求めつづけられるわけではない。求めつづけるためには、あえて日常を超えて非日常的な「時」と「場所」の制約のなかに身を委ねなければならないこともある。委ねるなかで立ち現われた自己あるいは世界は確実に非日常的なものである。そして、非日常的な自己、世界が真に日常性を突き抜けるためには、再びそれらを日常のなかで絶えずとらえなおすという行為がなければならない。

Ⅱ　「私」の働き

1　「私」の科学

人の働きを涵養してゆくなかで、人は自らの個人的体験にしかるべき普遍性を見いだしうるようになる。徒弟教育による学びは、当初は固有の技能の習得にあるにしても、最終的には人の働きを培うことをめざしたものであろう。しかも、その学びは自らの生きることをも射程に入れた全人格的なものである。徒弟は繰り返しのない一回限りのなかで、自分に必要なものをそのつど学んでゆく。そこでは、おなじ事象を二度体験するという贅沢は許されていない。

このことはものごとを概念的にとらえるわれわれには理解しがたいが、開かれた世界ではすべてが一回限りである。人生に繰り返しはなく一回限りであるといったことは、自らの死を考えれば明白である。死の概念は常住であり、繰り返し生じるとしても、自分自身の死は一回限りであり、決して繰り返し経験することができないものである。これとおなじ意味で、われわれの経験はそのつど新しいものである。その経験は、他者との動的なかかわりのなかに立ち現われた結節点を、自らの生きることの一側面として位置づけたものである。

われわれの生きることは結節点として立ち現われた個別の経験にあるのではなく、それらの経験を生み出す根源的な経験のなかにある。個別の経験はものとして対象化しうるが、根源的な経験は実体としてあるものではなく、また対象化してとらえることもできない。ただ、それは人の働きあるいは暗黙知を身につけるなかで、そのつど構成されてきたものである。

自然科学は経験とか事象を「もの」として対象化することで優れた成果をあげてきた。これは誰もが認めるところであるが、私の根源的な経験である生きることとなると、残念ながらそれは無力に等しいのではないかと思われる。いかに自然科学の知見が卓越したものであるとしても、私の人生の意味、苦悩あるいは喜びといった生きることそのものに対しては、残念ながらなんら言及しえないのではないかと思われる。

私の生きることは自然科学の対象とはならない。このことを十分に踏まえて、自然科学とは違った視座から普遍化を求めた科学がある。それが、たとえば河合（一九八九）の言う「私」の科学である。

「私」の科学にとって必要なことは、私自身が固有の場で他者や世界と長期にわたってかかわることである。しかも、そのかかわりは双方向的なものでなければならない。たとえば徒弟制、なかでも内弟子制では、新参者は兄弟子、師匠と文字通り寝食をともにし、濃密な関係のもとで修業に励む。また、セラピストは固有の場所、時間のなかで長期にわたってクライエントの生きることにかかわる。それだけでなく、心理療法を学んでゆく際にも、他者の事例を相当時間をかけて聴いてゆく。

これは河合隼雄氏が指摘するように、「私」の真実について語り、それを聴くときは、その人の主体的なかかわりを必要とし、そこでは全人的な活動が行なわれている。そこに語られた「事実」を科学の知として吸収するのではなく、事例を聴くことそれ自体が全人的な体験になり、その体験が聴く人の「私」の真実を豊かにし、そのことが次の仕事へと役立ってゆくのである（河合、一九八九）。

おなじことはインドでの体験、仏像彫刻といったあらゆる体験についても言える。たとえば長期にわたって彫刻にかかわるなかで、新参者はその世界で多くのことを学び、そして代々積み重ねられてきた経験の教えが決してあいまいなものではないことを身をもって知ってゆく。それは単に彫る技術を学ぶからではなく、彫ることそれ自体が全人格的な体験となり、ものを見る眼、学ぶ姿勢を豊かに涵養するからであろう。

全人格的な体験が、時には近代の知に比べてはるかに微妙な判断をも可能にすることもある。また、そうした経験を絶えず積み重ねることが、かえって瞬間のうちに全体をとらえる直観力をも養ってゆくことにもつながる。徒弟教育がめざしているのはまさにこの点である。

このように自らの経験を記述してゆくことで、また行為の積み重ねとしての経験を豊かにすることで、人は自らの直観力を豊かに涵養してゆく。したがってその記述あるいは行為がめざすものは抽象的な普遍性ではない。あくまでも臨床の知、なかでも徒弟の知でいう普遍性であろう。しかし、近代社会に生きるわれわれにとって、近代の知の重要性はいくら強調してもし過ぎることはなく、決して過小に評価すべきではない。近代の知はなによりも生きるものの特徴を明らかにしている。また、それだけでなく自らの生きることを考えてゆくうえにおいても極めて重要な知見をわれわれに提供している。

としても、この種の知がすべてと言うわけではない。近代の知をさらに押し進めることではなく、むしろ臨床の知を自らが積極的に身につけてゆくことが求められているように思われる。この意味でも「私」の科学、臨床の知の果たす役割が十分に認知されなければならない。生きるものと生きることを互いに切り離すことができない以上、近代の知と臨床の知は互いに排除しあうものではないはずである。双方が不可欠であることを十分に認めるとしても、生きることを考えてゆく際に必要な知はあくまでも臨床の知ではないか。それは結局、生きることそれ自体は私と切り離すことのできないものであり、対象化しえないからである。

2　未知の構想

全人的な体験を繰り返すなかで、確実に人は自らの人の働きを涵養し、それでもって未知の世界に立ち向かってゆく。新しい仕事に向かうセラピストがそうであり、あるいは絶え間ない状況の変化のなかで即興的に「わざ」を発揮する熟達者がそうである。彼（彼女）

らはそのつど未知の世界を構想しつつ、進むべき道筋を見いだし、直面する問題を解決しているのであろう。

未知の構想には当然何らかの知識が深く関与するはずである。その際の知識は概念的知識ではなく、むしろ言語化しえない暗黙的な知識であり、身体的なものであろう。たとえば徒弟は実践共同体に参加し、一見無駄なような仕事をしてゆくなかで、個別の仕事を身体で確実に覚えてゆく。それだけでなく、将来的な学びの全体像、さらにはそれに至る道筋を見通すことができるようになる。この見通しが可能になるのは、彼がいま・ここの場で未知の世界を構想しているからである。

暗黙知を身につけ、未知を構想しうることが熟達者の特性である。現に、熟達者は必要なことを必要な時間・場所において的確に遂行する。それが即興性であり、その遂行は法則の適用によるものではなく、むしろ彼らの身体が直に反応したとしか言いようのないものである。身体がすべきことを先取りしているのであろう。

即興的行為は熟達者の意図を超越したものである。彼らは課題に「何心もなく」あるいは「我を忘れて」対処してゆくなかで、即興性を発揮する。それはまさに幼児が「我を忘れて」遊びに夢中になり、あるいは剣豪が「何心もなく」剣を振るう、その状態に近い。

しかも、それらの振る舞いは時と場所を得たものである。それは決して無意識的な対処ではなく、黒田（一九三三）のいう覚自証的な対処である（第3章参照）。

未知の構想はこの覚自証的体験に支援されたものである。過去の経験、知識がモノとしてではなく、コトとして互いに排除することなく同時に進行することで、われわれのいま・ここは限りなく拡がり、その拡がりのなかに未知の世界が自律的に立ち現われる。しかし、コトの世界は極めて不安定で、その世界を自在に経験し、あるいは持続することは難しい。その難しさは、結局人為を捨てる難しさでもあろう。人為を捨ててはじめて「何心もなく」対処しうる。

古来より道を説く多くの思想家も絶えずこの難しさに言及している。たとえば荘子は、当初人為を捨てさえすれば一挙に自然の境地（ここでいうコトの世界）に達するという考え方、つまり無為自然であったが、それが極めて難しく、人為をなくすために努力や練習といった人為を必要とすることから、やがて有為自然に傾斜していったと言う（森、一九七八）。

いずれにしろ、コトの世界に身を委ねているなかで、時にはモノの世界と関係をもつことによって、時にはコトとコトが互いに関連しあい自己組織化することで、無限に新しい世界が生み出されてゆく。それは自己を突き動かす力によるものであり、能動的な、創造的な直観の作用である。それは明るい意識の層の働きではなく、むしろ身体のなかに埋め込まれた暗い意識の層の働きの現われであろう（野村、一九九四）。

この種の構想が主体の明確な意図に基づいてなされていると考える必要はない。しかし、たとえそうであるにしても、構想する主体がそこに深く関与しているはずである。主体は自らの想像力によって可能性豊かな関係の組み合わせを見いだし、これによって創造的にものを作り上げる。これら一連の過程がいま・ここの拡がりのなかで未来を析出することであり、ここでいう未知の構想のそれであろう。構想された未知の世界に導かれる形で、自己組織化に必要な情報がやりとりされ、またそれらのやりとりから生成された情報が方向づけられる。

そして、それらを方向づけるものが構想する主体の信念であろう。この信念はノーマン（一九八一）のいう信念システムに近いものである。それは、その人の身体に染み込んだものの考え方、世界のとらえ方、さらにはそれらを通して得た世界についての知識である。それはまた自主独立の価値観による判断、つまりテイスト（taste）とほぼ同義と考えてよいであろう。これはあくまでも個々人の人生の所産であり、その人の生活史に深く結びついているように思われる。そしてこの信念システムがトップ→ダウン的に知識の質、自己組織化を方向づけてゆく。

未知の構想は、偉大な発見といった独創性、創造性に不可欠なものである。しかしこれらの特殊な場合にかぎらず、それは他者の理解、対象の把握といったごく日常的な行為にも深く関係していると考えるべきであろう。たとえば、われわれは他者とまったくおなじ体験をすることはできない。とすると、他者の心情を完全には理解しえないことになる。この限界を超えて他者の体験、心情を理解するためには、当然他者についての情報が必要であることは言うまでもない。ただ、その種の情報だけでは不十分であり、それを補う人の働きがなければならない。それがここでいう未知の構想である。われわれはいま・ここの拡がりのなかに他者の体験、心情を析出してはじめて他者を理解しうる。

いま少し詳しく言及すれば、他者の体験、心情についての情報は、他者と類似の体験をすることによって、ある程度まで獲得できる。ただ、それはあくまでも類似のものであり、まったくおなじものではない。たとえばインドの人びとの心情を理解したいと思う場合には、直接インドの大地に身を委ね、そこでできるだけ現地の人びとと類似した生活をすればよい。この場合、身体が直接インドをとらえるという意味で直接体験と呼ぶにふさわしいものである。

しかし、直接体験さえすれば対象を直ちに理解しうるわけではない。また、滞在期間が長いほどよりよく理解しうるようになるわけでもなければ、理解にふさわしい滞在の仕方が必ずしもあると言うわけでもない。いずれの場合にしても、自らの体験はあくまでも点のごときものである。

としても、その経験に潜入し、その拡がりのなかで世界を析出してゆくかぎり、何らかの普遍性をもつようになる。これが点のごとき体験を線にし、さらにそれを面にまで拡大してゆく道筋であろう。しかも、どのように線にし、面にしてゆくか、まえもってわかっているわけでもない。だからこそ、この拡大の過程に構想力が深く関与するのである。

いま、インドに身を委ね、自らの積極的な関与やコミットを介し、さらには構想力でもってその世界をとらえるという生きた住民となるかぎり、われわれはインドの人びとの心情を理解してゆくことができるはずである。また、この構想力が極めて優れた人にとっては、必ずしもインドに直接身を委ねる必要はないと思われる。要は、この構想力である。

確かに、インドに滞在する期間が長いほどインドについての知識はより精密なものとなり、自然科学的な意味での客観性が増すが、それが直ちに構想力につながるとは限らない。

直接体験、滞在期間の長さなどによってもたらされる客観的な、精密なデータが役立つのは、そのデータを駆使して構想力を増大させる人の働きがある場合のみである。おなじことは「わざ」の修業についても言える。

徒弟教育はなによりもこの種の構想能力を涵養するための支援システムとしてあるが、学校教育ではそのような支援システムを期待しえない。としても、構想力を涵養してゆかないかぎり、学校教育での子どもたちの学びを支援することはできないように思われる。

終章　実践への提言

わが国が抱える教育問題は現在極めて深刻な事態である。学級崩壊、受験競争、いじめ、不登校、落ちこぼし、学力低下といったさまざまな教育の病理現象に見られるように、学校、社会さらには家庭が本来もつべき教育力の低下はいちじるしい。教育力の低下は複合的な要因によるものであり、学校、社会あるいは家庭を非難するだけではなんらの解決も期待しえないと思われる。「悪者探し」に終始するのではなく、問題の深層構造を見極め、その根底から解決の糸口を見いださないかぎり、真の解決に至ることは難しいように思われる。

もちろん、教育改革に向けての多くの試みもこの方向でなされているのであろうが、未だ改善の兆しが見えないようである。子どもが直接関係する事件が後を絶たず、なかには理解の範囲を超えているものも決して少なくない。これらの報道に接して、われわれに残るのはただ無力感のみである。このことが社会にある種の閉塞感をもたらしていることは否定しえないように思われる。

本書はこの閉塞感を打破し、新たな教育のあり方を模索するものである。その模索は徒弟教育、「わざ」の修業あるいは匠の世界の本質、神髄に触れることからはじまり、さらにはそこで得た経験から新たな教育を構築しようとするものである。その構築は、経験を抽象し、捨象してゆくなかで法則を定立し、それを教育の場に適用することではない。あくまでも一人称の私がその神髄に触れるなかで涵養された、自らの人の働きに基づいた教育の構築である。このような教育の構築は体系化され、明示化されたものではないことから、人びとにその内実を理解させることは難しい。それはこの教育の構築そのものが実践としてあり、理論としてそれ自体あるものではないからである。そこでは実践が理論の構築であり、この構築が実践につながるというような、動的な過程の真っ只中にある。

そもそも実践とは、身体としての主体が数多くの選択肢のなかから決断、選択し、直面した個別の問題を解決することである。中村（一九九二）によれば、実践とは主体が機械的、一方的に対象に働きかけてそれを変えることではなく、また自己と他者や世界との、また理論と実践との形式的な相互性からなるものでもない。各人が身をもってする決断と選択を通して、隠された現実の諸相を引き出すことなのである。このことによって、理論が現実からの挑戦を受けて鍛えられ、飛躍する。実践が理論の源泉であるというのは、そのような意味で考えられるべきなのである。

ところが、現実には理論と実践との形式的な相互性が前提にされ、理論の提唱者と実践者が別々であってもなんら問題にはならない。これもまた主客分離、そして対象化を是とする近代のものの見方の反映であろう。もちろん例外もあり、理論と実践を不可分のものとしてとらえている人もある。その人は優れた理論家であり、また優れた実践家でもある。斉藤喜博や鳥山敏子などがその代表であろう。理論と実践が不可分であるこれらの事例では、提唱者であり実践者である彼（彼女）らの人の働きが際立っている。このことは、彼（彼女）らの実践が弱い理論に依拠していることを意味する。

そもそも理論は成立当初は弱く、適用しうる範囲、事例も限られるとしても、現実からの挑戦を受けて鍛えられ、やがて強い理論へと発展してゆく。強い理論のもとでは、人の働きの関与は少なくともなんら問題を生じない。むしろ、人の働きを積極的に排除さえしている。近代の知と呼ばれる科学理論が、その最たるものであろう。

ただ、理論のなかにはそのような発展の筋道を辿らないものも多いのではないか。なかでも教育に関する理論が、これに相当するように思われる。そもそも教育には強い理論は似合わないと言うべきであろう。なぜならわれわれが求めている教育は、対象化された情報を子どもに注入することではなく、固有の学びの場を共有するなかで、学ぶべきものがおのずと立ち現われ、それを他者や世界との双方向的な関係のなかで共有し、身につけることである。それはあくまでも開かれた世界でのいとなみであってはじめて可能になる。いま、強い理論が閉ざされた世界を前提にしていることからすれば、開かれた世界の理論は必然的に弱いものにならざるをえない。そして、その弱さが逆に人の働きを引き出し、かつ涵養するのであろう。

たとえば、徒弟教育には必ずしも明確な理論があるわけではない。たとえあるとしても、それは弱い理論であろう。だからこそ人の働きが豊かに涵養されてゆく余地がある。このことは組織の黎明期にも当てはまる。そこでは人の働きが先行し、その後に教義とか基本概念が体系化されてゆく。そして体系化された暁には、逆にそのしばりが強くなり、人の働きがますます少なくなってゆくのであろう。

したがっていま、いくつかの選択肢のなかからあるものを選択する際、強い理論に依拠するならば、人はその理論が帰結するものを選択すればよい。強い理論が閉ざされた世界を前提にしていることを考えると、いずれを選択すべきか、その決断は理論から予測しうるからである。これに対して、弱い理論に依拠するほど、そこに人の働きが深く関与してゆくことになる。そのため、いずれを選択すべきか理論から直接予測しえない。開かれた世界での選択は閉された世界でのそれとは違って、自然科学的に因果律で、なぜそれを選ぶのか説明することはできない。このことは、いずれを選択すべきかまえもって予測しえないことを意味する。その選択はあくまでも選択する人のそれまでの歴史の総括であり、人生そのものである。

とすると、何を選択するかは全人格的な人の働きであり、その人自身の自主独立の価値観とか、さらには価値判断の際のテイスト（taste）の所産であろう。人びとは価値観、テイストを駆使し、未知の世界を構想するなかで、その時々に必要なことがらを決断し、選択してゆく。

人の働き、さらには未知の構想が全人格的なものであり、その人の歴史的総体であるとすると、それらを涵養する手だてを体系化することは難しく、最終的には個々人の手に委ねられる。とすると、いかに構想力を涵養するか、またそれを実践に生かすか、その手だてを体系化しようとする試み自体が徒労に終わるのではないか。しかし一方では、学校教育あるいは家庭教育を再構築するためには豊かな人の働き、構想力は不可欠である。早急にそれらを涵養する手だてを考えなければならない。

ここでは構想力の涵養が個々人の手に委ねられていることを前提にしながらも、いかに構想力を涵養するか、またそれを実践するか、不十分であることを承知の上で具体的に考えてゆくことにする。

その際の手掛かりは、唯一自らの体験にある。私自身が構想力に優れているとは思われない。また、それを実践に生かしたとも決して言えない。自らの体験を手掛かりとする以外に手だてをもたないだけである。としても、自らの体験を手掛かりとするためには、そこに何らかの普遍性がなければならない。普遍性が見いだされないかぎり、それは一般化不可能である。

では、自らの経験とは何か。また、それをどのように利用するのか。人の働きとか構想力とかが全人格的なものであり、個々人の歴史の総体であるとすると、個別の経験を一つひとつ取り上げること自体が無意味であろう。過去のある経験を原因として、現在、さらには未来の事象を結果としてとらえるのではなく、その時々の経験の積み重ねが私を豊か(価値的、道徳的意味ではない）にするのであり、その表出としての私の人の働きであり、未知の構想であろう。

過去の経験は人の働きに深く関係しているとしても、その多くはいついつの経験として同定しうるようなものではない。同定しえないのは、たとえば日々の食物がいま・ここの私の身体を形作っているとしても、その食べ物といま・ここの身体との関係を因果連関的に解明しえないことと、基本的にはおなじことであろう。

このことを踏まえたうえで、自らの経験を手掛かりにして構想力を豊かに涵養してゆく手だてに言及してゆく。昭和二十二年生まれの私は五十代半ばであり、現在は心理学者の端くれとして大学で研究し、また心理学の講義を担当している。心理学の講義となると、そこに反映されるものは私の学部学生、大学院生の九年間、そしてその後の関西大学での二十数年の計三十年あまりの経験となるが、それだけにとどまるものではない。大学入学以前の二十年近い年月もまた深くかかわっているはずである。

このような日常的な経験に加えて、非日常的とも思われる経験がある。それがインドでの生活であり、仏像彫刻での彫る行為であり、あるいは山村での自然との交わりである。私は非日常的な経験を介して日常的な経験をとらえなおし、それを手掛かりにすることで、いま・ここの私をある程度まで解明することができると考えている。

具体的には、私は日常、非日常の経験を手掛かりにして講義を組み立ててゆく。もちろん、講義には心理学の知識それ自体が重要であることは言うまでもないが、それを展開する際の思想性、ものの考え方がそれ以上に重要であるように思われる。しかも、その思想性は自らの体験に普遍性を見いだすなかで立ち現われたものである。

もちろん、心理学のすべての講義に私の体験が当てはまると考えているわけではない。領域によっても、また心理学に対する考え方の違いによっても当然違ったものになるはずである。概して科学的心理学の立場からすれば、その種の講義に自らの体験、思いが関与することは少なく、むしろそれらを積極的に排除さえしていると言ってよい。

これに対して、心理学が科学であるといった幻想を抱かない人にとっては、少なくとも私にとっては、心理学の理論と自らの体験、経験は不可分のものとなる。それだけでなく、それらのあいだに乖離がある場合には、私は自らの感覚、経験の方に重きを置くことが多い。

としても、経験と理論とを対峙させること自体がそもそも問題であろう。また、極めて理論が先行すると思われる自然科学的な研究においても、そこでの理論的展開を自らの経験として意味づけることができる人も相当数いるに違いない。その人は優れた研究者であり、また優れた人の働き、構想力を養っている人なのであろう。

その構想力は特定の分野に限定されるようなものではなく、いずれの分野においても等しく重要なものである。また、特殊なものではなく誰もが持ち合わせているものでもある。ただ、世間一般にはそれを特殊なものとしてとらえ、独創性の根源と見なすことから、独創性が重視される学問、芸術などの分野で高く評価されるだけのことである。

そもそも、人の働き、構想力は本来は普遍的なものであり、その多くは日常的な個別の体験のなかで時間をかけて培われ、そして固有の状況に応じてそのつど発揮されてゆく。その過程のほとんどが暗黙のものであり、明示化できないことの方がはるかに多い。そのため、最終的には自らの経験に依拠することになる。当然、そこから引き出された知見の多くは主観的なものにならざるをえない。このことを十分に承知したうえで、あえて構想力の涵養に必要ないくつかの手だてを具体的に述べてみたい。

まず、優れた構想力は開かれた実践共同体において涵養される。そのためにはわが身をその共同体に委ねていなければならない。その共同体では、人びとは協同的活動を介して積極的に外界に働きかけてより優れたものを創り出そうとする。そこに参加している人びとは、新参者あるいは古参者にかかわらず、自らの学びの意味をその関係のなかで絶えずとらえなおし、他者からの受苦のなかで人の働き、なかでも構想力を積極的に養い、優れた「わざ」を身につけてゆくことができる。その参加の過程は決して生易しいものではなく、多くの場合厳しい修業を伴う。また、それに耐えうるだけの求める心が不可欠である。

求める心はそれ自体厳然としてあるのではなく、開かれた世界に参加するなかでそのつど生成されるものである。求める心とは、たとえば何かを身につけたい、できるようになりたい、といった素朴なところから出発するとしても、最終的には他者や世界との双方向的な関係のなかで、自らのできることを介して従来とは違った自己を見いだす根源としてある。そして、その関係のなかで新たな自己を見いだしつづけるかぎり、求める心もまたそれに応じて生成されてゆくものと思われる。

かつて伝統的な共同体のなかでは、仕事は最高の自己表現の機会であり、自らの能力はその仕事の過程でいっそうみがきあげられたのである。しかし、近代社会のなかでは実践共同体そのものが成り立たず、労働がもはや自己表現の場ではありえないことも多い。労働は仕事ではなく単なる稼ぎにすぎないことから、多くの人びとは自らの労働を介して新たな自己を見いだしえないだけでなく、求める心もまた生成されにくい。これが大半の人びとの偽らざる心情であろう。ただ、そのようななかにあっても激しい求める心で、日常にあってしかもその日常性を突き抜けてゆく人たちがいる。それが、たとえばパウル・クレーであろう（第6章参照）。

いま、労働が自己表現の場となりえないとすると、われわれは以前とは違った形で自己表現の場を求めてゆかなければならない。その手だての一つが異文化の体験であろう。異文化の体験とは、自らの文化と矛盾、葛藤を引き起こすような異質の風土、歴史をもった文化の真っ只中に身を委ね、そこでの個別的な体験を介してそこに一つの普遍性を見いだし、その文化を支配するコスモロジーを了解することである。また自国内にあっては、日常とは違った世界の生活の場に身をおくことも、前者とは違った意味での異文化体験の一つである。仕事以外の場での学びとか、そこでの双方向的な関係がこれに相当する。私の個人的な体験としては、前者がインドでのそれであり、後者が仏像彫刻のそれである。

前者の異文化体験では、われわれは自らの行為、存在のあり方を以前とは違った文化のなかでとらえなおさなければならない。その際の能動的な行為は、必然的に他者や世界からの働きかけをもたらす。そのなかで立ち現われた結節点が「おや？」「あれ？」とかの思いであり、さらには矛盾や葛藤として自己に対峙する。これが受苦である。その出会いが強烈である場合、われわれはこの能動―受苦のなかで自らの体験の意味を受けとり、自明であった価値観、さらには自己観を根底から問いなおさざるをえない。

また、後者の異文化体験は、労働がもはや自己表現の場ではありえないことを前提にしたもので、そのため人びとは稼ぎ以外の学びの場を、そしてそこでの双方向的な関係を求めることになる。具体的には社会人として大学で学ぶこと、ボランティア活動、お稽古事、地域活動などがある。ただ、これらの活動の場は日常のなかに埋め込まれていることが多く、そのため前者の異文化体験ほど強烈な体験でもなければ、また現実との乖離を絶えず自覚させるほどのものであることは少ない。

これらの異文化体験のうち、いずれが自己表現の場として望ましいかは軽々に判断しうるようなものではない。ただ、外国での異文化体験はたとえ自らが求めたとしても、ある意味で強制されたものに近い。そのため帰国して再び自らの文化に戻った際に、かつての異文化での経験が自己表現の手だてになるとは限らない。

これに対して、自国内での異文化体験は自らが求めたものであり、しかもそれが日常に埋め込まれていることもあって、絶えず日常性の圧力下にある。したがって、その体験を続けるためには絶え間ない求める心が不可欠であり、持続したものでなければならない。その持続的な求める心のもとで、人の働きとか構想力が豊かに涵養されてゆくのであろう。

ただ、いずれの異文化に身を委ねるとしても、構想力を豊かに涵養しうるか否かは、その人自身の向き合い方にかかっている。自己と他者や世界との出会いを直ちに対象化し、概念的知識として理解するかぎり、その体験を自らの自己表現の手掛かりとすることは難しい。対象化するのではなく異文化に生きる住民として生活するなかで、身体がとらえるものを一つずつ概念化してゆくことが求められる。その際の概念化とは、主体としての身体が能動的受動のなかでとらえた経験に基づいたものであり、単に現象、出来事を既有の知識で置き換えたものではない。

私のインドでの体験から言えば、自らの体験を既有の知識で解釈することは易しい。また、解釈しないかぎり不安であることから、できるだけ解釈し、それが一体何なのかを理解しようとする。しかしこのレベルの理解を続けるかぎり、単に現象、事象を既有の知識で置き換えることでしかなく、私の知識をただ再確認するにすぎない。必要なことは直面した出来事を、自らが価値観をもった身体を介して、時には能動的に時には受動的にとらえなおすことである。

具体的には、「おや?」と思った事象と場を共有するなかで、その事象を引き起こした状況を理解し、その意義とか価値とかを自らの身体で、さらには言葉で理解してゆくことである。その結果としての概念的な把握であり、それがたまたま既有の知識とおなじであってもよい。単なる旅行者ではなく生きた住民としてインドに滞在するためには、このようなとらえなおしが常に求められる。生きた住民としてのあり方は自らの体験のとらえ方次第なのである。

たとえば、ガンガー（ガンジス河）のヴァラナシ（ベナレス）はヒンドゥー教徒の最も重要な聖地であり、彼らは聖なるガンガーの水で沐浴することを生涯の喜びとする。沐浴によって、身についた現世の数々の罪は清められ、洗い流される。また、死後は遺灰がガンガーにまかれ、人びとは再生してゆく。ヴァラナシの光景を目にした際、ガンガーでの沐浴を直ちに既有知識で信仰、再生への祈りと結びつけて解釈することは易しい。また、その解釈は的を射たものであろう。しかし、これは生きた住民のとらえ方とは言えない。

生きた住民となるためには、まずガンガーのガート（沐浴場）と対峙するのではなく、そこにわが身を委ねていなければならない。わが身をガートに委ねているかぎり、ガートを構成する多様な光景がおのずと立ち現われる。そこが沐浴の場であり、祈りの場であることは言うまでもない。また、近くには火葬場があり、ガンガーに浮かぶ死体もある（九〇年代以降では珍しくなったが）。さらにインドの多くの河岸がそうであるように、洗濯の場であり、漁の場であり、水牛の水浴び場であり、子どもたちの水遊びの場でもある。

それだけでなく、沐浴者めあての乞食、観光客、物売りなど数えきれないほどの人びとで混雑している。これらが渾然一体となってガンガーのガートを構成しているのであって、これらの光景を敬虔なヒンドゥー教徒の沐浴、祈りに焦点化してとらえるだけでは不十分であろう。

ガートに身を委ね、主客未分の根源的な経験をそのつど対象化し、しかも対象化によって立ち現われたいくつもの光景を一つのものとしてとらえたものが、すなわちヴァラナシの沐浴の光景であろう。それはインドの人びとの偽らざる生活そのものであり、それに根ざした信仰であり、沐浴であろう。

おなじことは仏像彫刻の修業にも当てはまる。師匠から指摘された箇所だけを教えられたように彫るだけでは上達しない。彫るべき箇所、直すべき箇所は常に全体との関連で規定されるのであって、それ自体単独にあるのではない。指摘された箇所を修正することの意味を他の部分との関連で絶えずとらえなおさないかぎり、上達しえないように思われる。

ところで、いずれの異文化世界との出会いであっても、私とその世界とがもっとも緊密に関係し合う根源的な経験があるはずである。根源的な出会い、経験があってはじめて、その経験を介して私とその世界が立ち現われてくる。それ以前に私とその世界がそれ自体独立にあるわけではない。したがって、自己と経験との関係から見れば、はじめに自己があって、そこからあとに経験が生じるのではなく、逆に経験があって自己が規定され、またそれに対峙する世界が立ち現われる。この根源的な経験が西田幾多郎の有名な純粋経験であろう。

純粋経験とは普通の経験中にまざっている夾雑物を取り去って、事実をそのままに知ることであり、真に経験そのままの状態であることである。この経験のもとでは、未だ主もなく客もない、知識とその対象が合一している。そのため、われわれは未だ自己を自己として自覚しえない。また、世界も世界として自己に対峙するものとして立ち現われてはいない。

ただ、われわれはこの経験の真っ只中にとどまりつづけられる訳ではない。根源的な経験は、われわれの一人ひとりの自覚を介して自己と世界に分化してゆくからである。そのため、経験を重ねるとは純粋経験とその分化を絶え間なく繰り返すことであり、そのなかでわれわれの自己が自己として明確になってゆく。

ところで、純粋経験を体験すること自体はそれほど難しいことではない。たとえば、子どもが無心に遊んでいる状態は紛れもなく純粋経験のそれであろう。ところが、われわれは人為でもって純粋経験にとどまることも、またその経験を分化することも難しい。それができるのは長期にわたって修業、修行をしてきた人たちのみである。彼らは何心もなく、また我を忘れてものごとにかかわってゆく。それが可能なのは、修業を介して主客分離以前の根源的な経験の源泉である不二体（野村、一九九九）を構成しているからである。

純粋経験の分化は構成された不二体の重み付けによるものであり、それによって自らの経験となる。具体的に言えば、われわれ一人ひとりの自己は、主客未分の純粋経験のなかにあって、自覚を通してその根源的な経験の拡散し錯綜した関係の結節点として成り立つ。ただ、その際の重み付けとは個々人の全人格的なかかわりの所産であり、歴史の総体である。としてもそれは人為的なものでもなければ、意図的なものでもない。おのずと立ち現われるとしか言いようのないものであろう。このためにわれわれがすべきことは、ただひたすら経験し、学び、情報を集め、論理的な思考を養うことである。

最後に、これまでに展開した実践への提言が比較的抽象的なことがらに終始したことを踏まえて、ここでは教育改革に対する具体的な提言をいくつかあげておく。それは徒弟教育の本質、神髄の具現化する一つの道筋であり、実践の手だてでもある。

「脱学校論」が人びとの関心を集めるほど近代社会の学校化が進み、このことがさまざまな教育の病理現象を引き起こしている。としても、今後も学校がその使命を終えることはなく、家庭あるいは地域の教育力の低下とあいまって、近代社会の人びとはますます学校に依存するようになるのではないか。

ところが現実には、子どもたちの生育歴、家庭環境あるいは価値観などは多様性を極め、しかも家庭あるいは社会の支援のない状況下にあって、学校のもう一方の主役である教師の負担はますます増大し、もはや限界に近いのではないかとさえ思われる。極めて難しい状況のなかで、教師が自らものごとを深く考え、問題を一つひとつ解決してゆく力量を身につけるためには、時間的にも精神的にもゆとりある生活は不可欠である。このためには、まずサバティカル制度を大々的に導入し、彼らが現場から離れて自己を、子どもたちを、そして世界をとらえなおす機会を与えるべきである。

サバティカル制度を利用して、学校を離れて教師が一年ないし二年ほど大学院で新たに学ぶことは選択肢の一つであろう。あるいは徒弟社会に身を委ね、師匠のもとで徒弟となり、自分の気に入ったもの作りに専念するのもよい。また、発想を変えて外国を放浪し、異文化を体験するなかで、多様な文化のもとで人びとがそれぞれの風土にふさわしい生活をしていることを身体で知ることも大切なことであろう。これらの経験を通して、自分の最も得意とする分野で世界を新たに認識するのもよい。また、自分の不得手な世界に身を投じて、それを克服するのもよい。

重要なことは、自らの身体と真摯にむきあい、また身体が感じること、とらえることと直接語らうなかで、必要ならそれを言語化してゆく、といった姿勢を貫くことである。言語化が難しい場合は、明示化される以前の、前言語的な暗黙の世界に身を委ね、いったんそれらをそのまま受け入れておけばよい。やがて一つの形として立ち現われるときが、おのずとくるはずである。

学びの場は固有の、具体的な課題を媒体にしてはじめて成立する。そのため何らかの媒体は不可欠である。「徒弟教育に学ぶ」といった本書の趣旨からすれば、また私の個人的な関心からしても、もの作りに参加することを勧める。もの作りは身体と頭をとことん使うなかではじめて習熟しうるものであり、また自らの熟達化の過程をそのつど的確に把握しうる媒体でもある。

いずれにしても、ある媒体を選択し、自らを学びの場に委ね、そこであることに専心し、身も心もそれに打ち込んでゆくことは極めて重要な体験である。さらに、その体験を時間をかけて自らの経験にまで高めることができれば、いままでは気づかなかった新たな自己に、また新たな世界に出会えるはずである。

師匠のもとでもの作りに専念するなかで、何も考えない無の時間をことあるごとに体験し、無我の境地に少しでも近づくことは極めて貴重な体験である。このなかで心と身体といった二元論的な対立は時には急激に、また時にはゆっくりと解消し、それらが本来不可分のものであることを体験してゆく。これが心身一如の体験であろう。このような無の時間を、さらには心身一如の体験を繰り返すなかで、何かに囚われた自己は確実に解放されてゆくはずである。

ものごとに熱中し無の時間の真っ只中にいるかぎり、自己を自覚することさえない。また、自己に対峙する世界をとらえることも難しい。しかし、無の時間はやがて意識によって埋められ、それを介して新たな自己を自覚してゆく。したがって、無の時間を経験した後に立ち現われた自己は、ある部分日常性を突き抜けたところに立ち現われた自己であり、以前とは違った新たな自己であることも少なくない。

もちろん、昨今の社会状況にあっては、すべての教師がサバティカル制度を利用しうることなど夢物語であろうが、教師の求める心次第では、たとえ多くの制約があるにしても何らかの形で類似の体験ができるはずである。十分な時間的、経済的な保障があることは望ましいが、もの作りの体験は必ずしも時間ではなく、その質ではないかと思われる。要は、体験する人次第である。まず、自らの経験を介して以前にも増して豊かな人の働きを涵養しうる機会はいくらでもあると、積極的に考えるべきであろう。

次に、教師が自らの人の働きを介して、教室を学びの場へと創造してゆくための具体的な提言をあげておく。

まず、日々の授業を大切にすることがなによりも肝要である。最先端の情報を競う高等教育以外では、教師が授業で取り上げることがらは決して難しいことではない。教師ならば十分に理解していることである。また、絶えず新しいことを教える必要もないためであろうか、教師は日々の授業を繰り返しとしてとらえがちである。しかしこのような姿勢を続けるかぎり、教師自身が自らの授業を積極的に構築してゆくことは難しい。たとえ繰り返し教えている内容であっても、本人がその価値や意義を絶えず新鮮に感じ取り、授業ごとに再発見をするといった姿勢で子どもたちと向かい合わなければならない。

また、知識の伝達と獲得は必ずしも教室での授業にのみ限定されるわけではなく、教室以外の多様な周辺的な活動に支えられていることに注目すべきである。周辺的な活動は重層的であり、学校内でのかかわりから家庭、さらには地域にまで拡大してゆく。したがって、学びを支援するシステムは学校、家庭そして地域の全体を包含したものであろう。しかもそれぞれに、新参者が最初に読みとってゆくような場の雰囲気が不可欠である。そして、学びを支援する場の雰囲気は、基本的には子どもたちと、保護者あるいはまた地域の人びとととのかかわりのなかに生まれる。

では、教師は彼らと一体どのようにかかわるべきであろう。残念ながらそれを体系化して提示することはできない。それは教師のこれまでの人生で培われた人の働きとしか言いようのないものである。

周辺的な学びの支援のもとで、教師は日々授業に取り組んでゆくが、その取り組みは一つの技の実践であろう。この意味で、力量ある教師は優れた熟達者であり、西岡常一の言う「ほんとの人間、立派な大工（立派な教師）」であろう。教師は教室という場において、子どもたち一人ひとりと積極的にかかわると同時に、学びの場全体の雰囲気を直観的に把握し、即興的に対処してゆかなければならない。それはまさに熟達者の発揮する「わざ」の世界でもある。教室での学びが、さらにはそこでの子どもたちとのかかわりが生きものであり、絶え間ない変化の真っ只中にあることを思えば、即興性こそ教師に求められるもっとも重要な力量の一つであろう。

即興的に技、「わざ」を発揮するためには、教師が、単に慣れとか器用さにすぎない定型的熟達者ではなく、教室という領域を超えて発揮される一般性の力量を備えた適応的熟達者になっていなければならない（第6章参照）。彼らは領域を超えて通用する力量を、必要に応じて教室で発揮してゆくのである。このためには大工仕事、陶芸、彫刻といった固有の課題を媒体として、長期にわたる修業を介してその道の熟達者になっていることが望まれる。もちろん、教室での日々の授業を自らの修業の場としてとらえ、それを生かすなかで適応的熟達者となる教師もいるに違いない。

ただ、一人の教師と小さな子どもたちからなる教室は技の修業にふさわしい場とはいえないのではないか。教室内に限定するかぎり、適応的な熟達者となることは難しいように思われる。だからこそ、教師は大学での教職課程科目の履修、教員採用試験、そして担任という道筋以外のところで、たとえばもの作りを介してある種の修業に打ち込んでおく必要がある。

即興的能力が教師に不可欠の資質であることは言うまでもない。しかし、これが適切に発揮されるために教師は、一方では子どもたちへ積極的に働きかける明確な自己意識をもち、また他方ではその自己を子どもたちとの学びの場のなかでとらえなければならない。双方が学びの場で同時的に展開されることで、教師は自らの経験を介して培った即興性を遺憾なく発揮することができるはずである。

参考文献

安部崇慶　一九九七　芸道の教育　ナカニシヤ出版

福永光司　一九六六　荘子　内篇・外篇　朝日新聞社

福島真人　一九九五　序文――身体を社会的に構築する　福島真人（編）身体の構築学　ひつじ書房　頁一―六六

Hatano, G. 1982 Cognitive consequences of practice in culture specific procedual skills. *The Quarterly Newsletter of the Laboratory of Comparative Human Cognition*, 4, 15-18.

市川白弦　一九八二　不動智神妙録大阿記　講談社

市川　浩　一九七五　精神としての身体　勁草書房

生田久美子　一九八七　「わざ」から知る　東京大学出版会

生田久美子　一九九五　「『わざ』から知る」その後　福島真人（編）身体の構築学　ひつじ書房　頁四一五―四五六

Illich, I. 1970, 1971 *The deschooling society*. New York: Harper & Row.　東洋・小澤周三（訳）一九七七　脱学校の社会　東京創元社

梶山雄一　一九八三　空の思想――仏教における言語と沈黙　人文書院
加藤唐九郎　一九八二　土と炎の迷路　日本経済新聞社
河合隼雄　一九八九　いま「心」とは　宇沢弘文ほか（編）　転換期における人間3　心とは　岩波書店　頁一―二八
木村　敏　一九八一　自己・あいだ・時間　弘文堂
木村　敏　一九八二　時間と自己　中央公論社
小関智弘　一九八五　鉄を削る　太郎次郎社
黒田　亮　一九三三　勘の研究　岩波書店　（一九七七　講談社）
Lave, J., & Wenger, E. 1991 *Situated learning: Legitimate Peripheral Participation*. Cambridge: Cambridge University Press. 佐伯　胖（訳）一九九三　状況に埋め込まれた学習――正統的周辺参加　産業図書
森三樹三郎　一九七八　老子・荘子　講談社
中村雄二郎　一九九二　臨床の知と何か　岩波書店
西田幾多郎　一九一一　善の研究（一九五〇　岩波書店）
西岡常一　一九九三　木のいのち木のこころ（天）　草思社
西岡常一・小原二郎　一九七七　法隆寺を支えた木　日本放送出版協会
野村幸正　一九八三　心的活動と記憶　関西大学出版部

野村幸正　一九八九　知の体得――認知科学への提言　福村出版

野村幸正　一九九一　関係の認識――インドに心理学を求めて　ナカニシヤ出版

野村幸正　一九九二　生きるもの・生きること――新・心理学試論　福村出版

野村幸正　一九九四ａ　かかわりのコスモロジー――認知と臨床のあいだ　関西大学出版部

野村幸正　一九九四ｂ　意識に埋め込まれた身体　心理学評論、三七、四七三―四九三

野村幸正　一九九九　臨床認知科学――個人的知識を超えて　関西大学出版部

野村幸正（編著）　二〇〇二　行為の心理学――認識の理論―行為の理論　関西大学出版部

Norman, D.A. 1981 Twelve issues for cognitive science. In D.A. Norman (Ed.), *Perspectives on cognitive science*. Hillsdale N.J., Lawrence Earlbaum Associates. pp. 265-295.　佐伯　胖（監訳）　一九八四　認知科学の展望　産業図書

尾崎ムゲン　一九九九　日本の教育改革　中央公論新社

Polanyi, M. 1966 *The tacit dimension*. London: Routledge & Kegan Paul.　佐藤敬三（訳）　伊藤俊太郎（序）　一九八〇　暗黙知の次元――言語から非言語へ　紀伊國屋書店

Ryle, G. 1949 *The concept of mind*. London: Hutchinson.　坂本百大・宮下治子・服部裕幸（訳）　心の概念　みすず書房

清水　博　一九九六　生命知としての場の理論――柳生新陰流に見る共創の理　中央公論社

竹内敏晴　一九八二　からだが語ることば　評論社

柘植俊一　二〇〇〇　反秀才論　岩波書店
内山　節　一九八八　自然と人間の哲学　岩波書店
梅本堯夫　一九八五　邦楽の伝統教育方法　梅本堯夫・中原昭哉・馬淵卯三郎（編）
　アプサラス――長廣敏雄先生喜寿記念論文集　音楽之友社

野村幸正《のむら　ゆきまさ》

一九四七年生まれ　関西学院大学文学部卒業　同大学院修了　現在関西大学文学部教授

認知心理学専攻　文学博士　一九八七〜一九八八、インドのプーナ大学へ留学

著書

『現代基礎心理学　4　記憶』東京大学出版会（分担執筆、一九八二）

『心的活動と記憶』関西大学出版部（一九八三）

『漢字情報処理の心理学』教育出版（海保と共著、一九八三）

『サバイバル・サイコロジー』福村出版（井上と共著、一九八五）

『知の体得——認知科学への提言』福村出版（一九八九）

『関係の認識——インドに心理学を求めて』ナカニシヤ出版（一九九一）

『認知科学ハンドブック』共立出版（分担執筆、一九九二）

『生きるもの・生きること——新・心理学試論』福村出版（一九九二）

『かかわりのコスモロジー——認知と臨床とのあいだ』関西大学出版部（一九九四）

『臨床認知科学——個人的知識を超えて』関西大学出版部（一九九九）

『行為の心理学——認識の理論—行為の理論』関西大学出版部（編著、二〇〇二）

他論文多数

「教えない」教育　徒弟教育から学びのあり方を考える

二〇〇三年一〇月一〇日　初版　第一刷

著　者　野村幸正
発行者　吉田三郎
発行所　(有)二瓶社
〒五五八—〇〇二三　大阪市住吉区山之内二—七—一
TEL〇六—六六九三—四一七七
FAX〇六—六六九三—四一七六
印　刷　亜細亜印刷株式会社

ISBN4-86108-006-1 C3037